Im Labyrinth der Gedanken

Aphorismen und Definitionen

Hans-Jürgen Quadbeck-Seeger

Im Labyrinth der Gedanken

Aphorismen und Definitionen

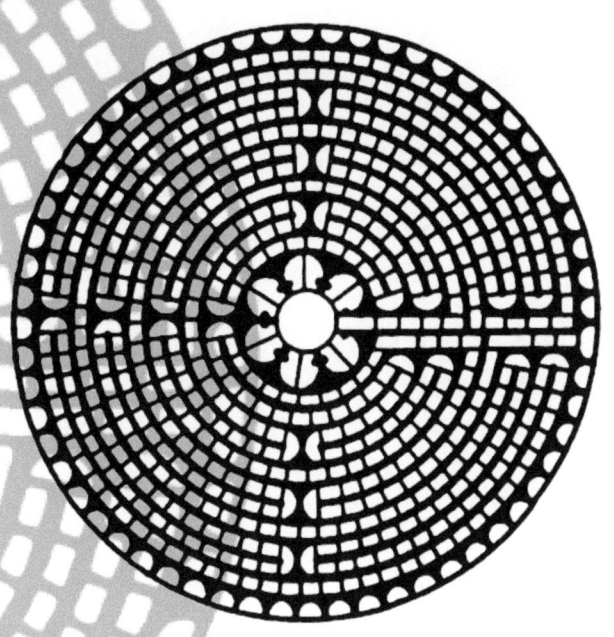

Hans-Jürgen Quadbeck-Seeger

Quadbeck-Seeger, Hans-Jürgen
Im Labyrinth der Gedanken
Aphorismen und Definitionen

© 2005 Hans-Jürgen Quadbeck-Seeger,
Bad Dürkheim

Umschlaggestaltung, Buchlayout
und Satz: Gunther Schulz, Fußgönheim

Coverfoto:
cc-vision, Freiburg

Herstellung und Verlag:
Books on Demand GmbH, Norderstedt

ISBN Hardcover
3-8334-3703-0

ISBN Paperback
3-8334-3702-2

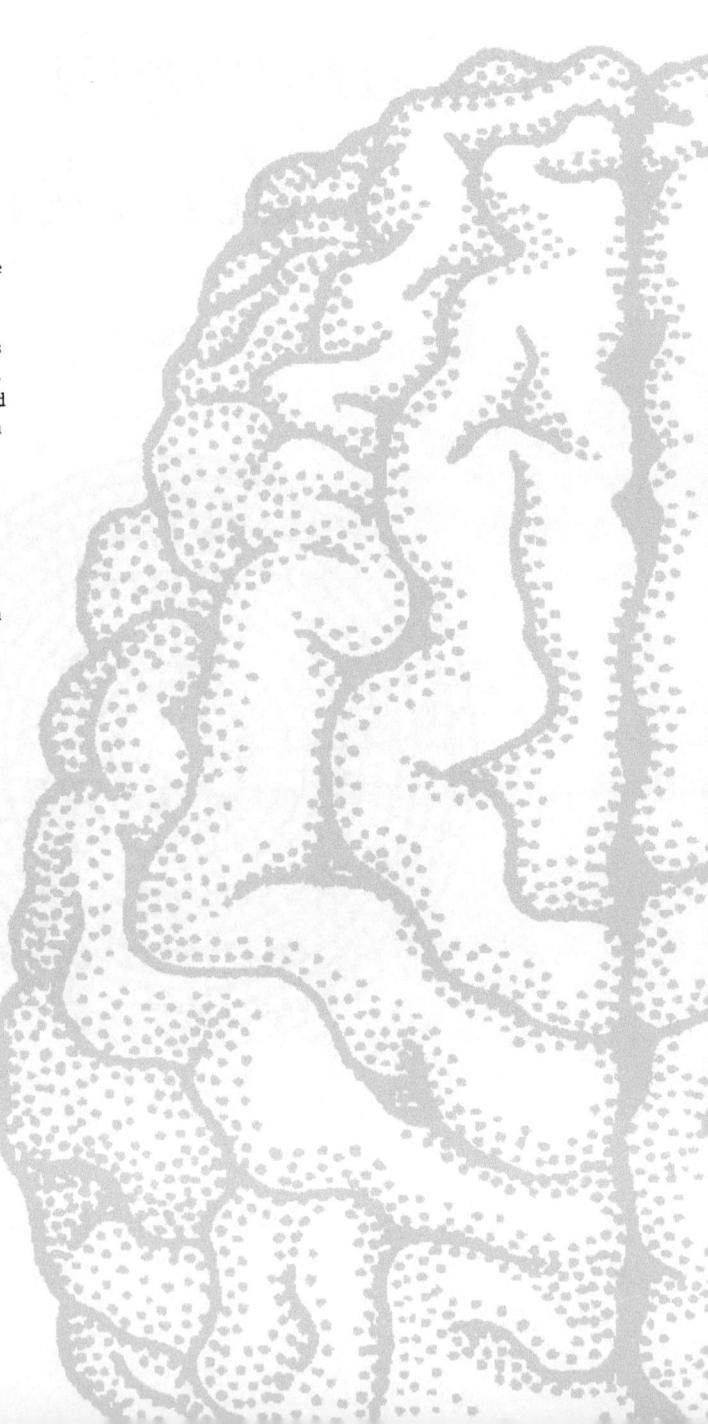

Vorwort

Ein Mann – ein Wort. Ein Buch – ein Vorwort. Muss das sein? Bei manchen Büchern wahrlich nicht, z.B. bei Aphorismen-Büchern. Wer sie erwirbt oder hineinschaut, weiß genau, was ihn erwartet. Hinzu kommt, dass über diese knappste Form von Literatur schon eine Fülle von originellen Vorworten, geistreichen Essays und tiefgründigen Abhandlungen existiert. Dem ist nichts hinzuzufügen.

Anders verhält es sich mit dem Titel: da ist der Autor erklärungspflichtig. Was heißt hier „Labyrinth" im Zusammenhang mit Gedanken? Hat nicht Altmeisterin Marie von Ebner-Eschenbach definiert: „Der Aphorismus ist der letzte Ring einer langen Gedankenkette."? Für den Denkprozess hat sie sicher Recht. Doch woher kommt der erste Gedanke? Und überhaupt: Woher kommen ganz neue Gedanken?

Die Philosophie ist bei dieser alten Frage nicht recht weitergekommen. Inzwischen gibt es neue Hoffnung. Moderne bildgebende Verfahren zeigen, welche Gehirnareale aktiv sind, wenn wir sehen, hören, fühlen und denken. Werden wir es also bald wissen? Vorsicht, Vorsicht! In seinem Gehirn hat jeder Mensch 100 Milliarden Nervenzellen mit ca. 1 Billiarde (10 hoch 15!) Verknüpfungen, den sogenannten Synapsen. Wie diese verschaltet sind, ist noch ein tiefes Rätsel. Keiner weiß, ob es je zu lösen sein wird. Unter Neurologen heißt es: „Wenn das Gehirn so einfach wäre, dass wir es ganz verstehen könnten, dann würde unsere Intelligenz so niedrig sein, dass wir mit dem Wissen nichts anzufangen wüssten." Vielleicht stimmt das; denn selbst wenn wir nur jene begrenzten Regionen betrachten, die bei bestimmten Vorgängen, wie etwa dem Denken, aktiv sind, ist das neuronale Geschehen hoffnungslos komplex.

Fast symbolhaft erinnert schon das äußere Erscheinungsbild eines Gehirns an eine Figur, die wir Labyrinth nennen. Den Windungen eines Gehirns sieht man förmlich an, dass man sich darin verlaufen bzw. verdenken kann. Auf der zellulären Ebene der Synapsen wird es erst richtig verwirrend. Wie auch immer dort die Gedanken entstehen, das Labyrinth scheint eine geeignete Metapher für diesen geheimnisvollen Vorgang zu sein.

Das Labyrinth hat eine lange und facettenreiche Kulturgeschichte. Einfache Labyrinthe sind relativ leicht zu konstruieren und finden sich schon als Felsritzungen aus prähistorischen Zeiten. Einen ersten kulturellen Höhepunkt erreicht das Labyrinth in der Mythologie der Griechen. König Minos von Kreta hält ein Versprechen an Poseidon nicht, der daraufhin in dessen Gemahlin Pasiphae die Liebe zu einem Stier entfacht. So wird das menschenfressende Ungeheuer Minotaurus gezeugt, das in einem Labyrinth gefangen gehalten wird. Erst Theseus von Athen kann es töten und findet durch den roten Faden, den ihm die liebende Ariadne mitgab, zu ihr zurück.

Bei den Römern und im Christentum galt das Labyrinth als Symbol für den wechselvollen Lebenslauf. Wie oft glauben wir uns einem Ziel schon recht nah, und dann führt uns eine unverhoffte Wendung wieder in eine ganz andere Richtung. Diese Metapher wirkte bis in die Neuzeit. So kommt Friedrich Nietzsche nach jahrelanger Irrfahrt apodiktisch zu dem Schluss: Das Leben ist ein Labyrinth.

Diese lange Faszination des Labyrinths hat eine erfreuliche Folge: es gibt unzählige Variationen zu diesem Thema. Da bot es sich an, aus der Fülle grafisch ansprechende Beispiele an den Anfang eines jeden Kapitels zu setzen.

Eine verwandte Variation des Labyrinths sind die Endlosfiguren, die immer wieder in sich übergehen. Sie galten als Symbol für die Ewigkeit. Auch sie haben einen besonderen grafischen Reiz. Es gibt einfache Formen, die oft in Mosaiken zu finden sind. Von Leonardo da Vinci und Albrecht Dürer wurden Endlosknoten entworfen, die den schwierigsten Labyrinthen ebenbürtig sind. Sie gelten als Muster für die Anfertigung von geknüpften Decken. Ob es wohl jemand geschafft hat? Auf jeden Fall sind es beeindruckende und ästhetische Drucke. Die Labyrinthe und die Knoten eignen sich gleichermaßen als grafische Elemente, die zur Meditation einladen: über die verschlungenen Wege des Lebenslaufs und des Denkens.

ᴀᴀᴀA**A**AᴀᴀA

Abend

Abendstund hat Durst im Mund.

Der Tag ist als Anlauf zu einem gemütlichen Abend eigentlich zu lang.

Abends schaut die Nation in die Röhre.

Ein Feierabend ohne Fernseher kommt nur noch im Fernsehen vor.

Abenteuer

Abenteuerurlaub: Man macht aufregende Bekanntschaften und bringt unbekannte Erreger mit.

Die Suche nach einem Parkplatz ist das Abenteuerspiel für Autofahrer.

Die Gründung einer Firma ist eine Abenteuerreise durch den Paragraphen-Dschungel.

Aberglaube

Aberglaube ist infektiös.

Astrologie ist der Glaube an den Aberglauben.

Wenn der Glaube schwächelt, macht sich der Aberglaube stark.

Abgrund

Wer am Abgrund steht, dem bleibt immer noch die Flucht nach vorn.

Abschied

Je später der Abend, desto schöner der Abschied.

In guten alten Hotels wird der Gast mit offenen Händen empfangen und ebenso verabschiedet.

Am intensivsten ist die Nähe beim Abschied.

Abstinenz

Es gibt nicht nur Alkoholiker, auch die Abstinenz fordert ihre Opfer.

Abstinenzler sind punschlos glücklich.

Adel

In langer Tradition stehend, droht der Adel langsam im Mediensumpf zu versinken.

Wie gut, dass die meisten gar nicht ahnen, was sie für Ahnen haben.

Gott adelt keinen.

Der Geldadel hat Zahlen im Blut.

Ärger

Sich über etwas nicht zu ärgern,
ist immer eine weise Entscheidung.

Affen

Die Menschenaffen sind unsere
Verwandten, die entweder den Zug der
Evolution verpasst haben oder dem
Zwang zur Arbeit ausgewichen sind.

Die Menschen stammen vom Affen ab,
zumindest der Mann.

Wer brüllt, macht sich zum Affen.

AIDS

Die Antwort der Evolution auf AIDS
wäre das angeborene Kondom.

Akten

Akten schaffen keine Fakten.

Wenn der Glaube doch auch Aktenber-
ge versetzen könnte.

Ein richtiger Bürokrat würde sich
gerne gleich mit zu den Akten legen.

Alkohol

Die Kulturgeschichte zeigt: Götter
sind gekommen und gegangen, aber
der Alkohol ist geblieben.

Der heilige St. Spiritus hat immer die
größte und verlässlichste Anhänger-
schaft.

Der Alkohol war der missing drink
zwischen Evolution und Kultur.

Beim Alkoholiker führt die Leber
das Tagebuch.

Passiv-Trinken ist auf Dauer auch
nicht gerade gesund.

Alkohol ist keine Antwort, bewirkt aber,
dass einem die Antwort egal ist.

Einem richtigen Alkoholiker kann
keiner das Wasser reichen.

Alkoholiker haben dem Alkohol ihren
Fahneneid geschworen.

Alle reden vom Alkohol, aber nur
wenige opfern sich und trinken ihn
weg.

„Dass ich nicht trinke, ist mein Bier",
sagte der Antialkoholiker.

Alkoholiker sind Patienten, die vor allem bei Unterdosierung leiden.

Alter

Wer sein Alter nicht annimmt, an dem rächt es sich.

Ab einem gewissen Alter sollten Röntgenbilder in den Pass geklebt werden: darauf sieht jeder viel jünger aus.

Böse Menschen werden im Alter bitter.

Mit dem Alter werden die Bretter vor dem Kopf wurmstichiger.

Alter ist ein Zweifrontenkrieg gegen die Vergesslichkeit und das Vergessenwerden.

Je älter einer wird, desto langsamer denkt er, also wähle er die Gedanken in Ruhe sorgfältig aus.

Mit dem Alter nimmt das Interesse an den inneren Organen zu.

Wer einmal berühmt war, wird im Alter unerträglich, weil er immer dasselbe erzählt.

Alt ist, wem die Zukunft egal ist, egal wie viele Jahre er zählt.

Die Altersvorsorge entwickelt sich zur Sorge vor dem Alter.

Ameisen

Ameisenhaufen sind von der Evolution hervorgebrachte Militärlager.

Die deprimierende Aussichtslosigkeit im Ameisenhaufen: Keiner Arbeiterin wird es je gelingen, sich zur Königin empor zu arbeiten.

Das Glück ist ein großer Haufen.
(Ameisensprichwort)

Amerika

Wer sich keinen guten Anwalt leisten kann, sollte in Amerika erst gar nicht hinfallen.

In Amerika hat jeder die Chance, Tellerwäscher bei einem Millionär zu werden.

Amerikanische Nächstenliebe: Habe mehr als dein Nachbar und sei ihm dankbar dafür.

In Amerika trägt selbst die nackte Wahrheit noch einen Colt.

In Amerika bleiben die Bürotüren offen, damit der Chef einen gleich rauswerfen kann.

Bei den Gehältern amerikanischer Manager drängt sich der Verdacht auf, dass sie sich selbst schmieren.

Die amerikanischen Rechtsanwälte wollen das Rauchverbot auch auf Friedenspfeifen ausdehnen.

Irgendwann werden amerikanische Anwälte nach Naturkatastrophen Gott verklagen.

Amerika ist immer noch gefährlich: da kann tatsächlich jeder Präsident werden.

Ein Amerikaner fühlt sich nur sicher, wenn er das Gefühl hat, genügend Geld für gute Rechtsanwälte zu haben.

Die Amerikaner fürchten die Außerirdischen nicht, es sei denn, diese würden ihnen die Dollars wegnehmen.

In amerikanischen Großstädten gibt es Viertel in blühender Verwahrlosung.

Die Versicherungssucht der Amerikaner beruht nicht nur auf Vorsorge, sondern auf dem Bestreben, auch noch aus jedem Unglück Kapital zu schlagen.

Die Amerikaner werden keine Ruhe geben, bis es ihnen gelingt, Dollars zu clonen.

In Amerika wird Schadenfreude durch Schadenersatzfreude kompensiert.

Für die Amerikaner ist eine gefüllte Brieftasche Ausdruck eines erfüllten Lebens.

In Amerika sind die Freunde so lästig wie die Verwandten.

In den USA wäre eine humane Todesstrafe denkbar: Tod durch lebenslanges Kettenrauchen.

Irgendwann werden die USA sich selbst verklagen und mit dem Schadensersatz ihren Haushalt sanieren.

Amt

Jedem, dem Gott ein Amt gibt, dem gibt er auch Verstand – deswegen bemühen sich so viele um ein Amt.

Auf einem Amtssessel ist gut Prinzipienreiten.

Der Amtsschimmel ist die Heilige Kuh der Bürokraten.

Angebot

Wer ein gut gemeintes Angebot in den Wind schlägt, darf sich nicht wundern, wenn er Sturm erntet.

Den 10 Geboten Gottes setzt der Teufel 1000 Sonderangebote entgegen.

Angst

Es war sicher die Angst, die intelligente Primaten in die Evolution zum Menschen getrieben hat.

Angst allein macht nicht unglücklich, es gehören auch Sorgen, Ärger und Misstrauen dazu.

Aphorismus

Der Aphorismus ist das Integral eines Gedankens.

Aphorismen sind Gedanken mit einem Fadenkreuz.

Aphorismus? Ja, weil das Leben zu kurz ist für lange Texte.

Aphorismen sind scharfkantige Gedankensplitter.

Ein guter Spruch ersetzt viel Gerede.

Aphorismen sind Gedankendestillate.

Treffende Aphorismen sind verbale Cartoons.

Aphoristiker

Aphoristiker sind die Minimalisten unter den Literaten.

Autoren sind Schriftsteller, Aphoristiker wollen Wortsteller sein.

Aphoristiker sind verbale Asketen.

Aphoristiker sind keine Dichter, sondern Verdichter.

Den Umweltpreis für Aphoristiker! Keiner verbraucht so wenig Papier für so viele Gedanken.

Arbeit

Eine dauerhafte Arbeitslosigkeit kann in eine Immunschwäche der Gesellschaft übergehen.

Durch die zunehmende Verkürzung der Arbeitszeit wird Europa zum Feier-Abendland.

Lieber sich zu Tode arbeiten als sich zu Tode langweilen.

Freude an der Arbeit lässt sich nicht delegieren.

Wer Alibis sammelt, kommt kaum zum Arbeiten.

Wenn die Arbeit Spaß machen würde, hätten wir die beste Spaßgesellschaft.

Nichts hält so sehr von der Arbeit ab wie Arbeitsberichte.

Arbeit vorzutäuschen verdient
Gefahrenzulage.

Arbeitswut ist eine weitverbreitete
Berufskrankheit.

Arbeitsteilung

Arbeitsteilung begünstigt immer den,
der sie verteilt.

Argumente

Je dicker die Luft, desto dünner
die Argumente.

Schlagende Argumente schaffen sich
Respekt.

Wenn Argumente fehlen, wird gern
befohlen.

Armleuchter

Das Licht am Ende des Tunnels erwies
sich als Armleuchter.

Lichterketten ziehen auch Arm-
leuchter an.

Armut

Armut prägt, Luxus deformiert.

Die „neue Armut" des Wohlstandes ist
der Mangel an Lebenssinn.

Armut macht das ganze Leben zu
einem Abenteuer.

Keine Gesellschaftstheorie hat ge-
schafft, was die Religionen bieten:
Armut ohne Erniedrigung zu ertragen.

Arroganz

Zum Arroganten gesellt sich gerne
eine Arrogans.

Arroganz ist die Ausgehkleidung
des Dünkels.

Arzt

Einem gesunden Arzt fehlt die prakti-
sche Erfahrung.

Die eigentliche Sprechstunde findet
im Wartezimmer statt; beim Arzt wird
nur gefragt.

Ob er will oder nicht, der Arzt ist für
die Patienten immer noch mehr oder
weniger ein Medizinmann.

Der Patient liefert dem Arzt ein paar diffuse Symptome und der Arzt macht daraus eine komplette Krankheit.

Gute Ärzte überzeugen ihre Patienten so von ihrer Gesundheit, dass diese fest an ihre Unsterblichkeit glauben.

Weil der Arzt ihm das Salz verboten hatte, verweigerte der Patient die Annahme der gesalzenen Rechnung.

Schein oder nicht Schein, das ist des Arztes Frage.

Der Arzt studierte seine Analysenwerte – der Patient fühlte sich wie ein Haufen elender Zahlen.

Den Mediziner interessiert die Krankheit, der Arzt kümmert sich um die Gesundheit.

Du sollst den Arzt nicht vor der Heilung loben.

Beim Arzt holt man sich Rat und in der Apotheke Hoffnung.

Ein guter Arzt kann eine Krankheit direkt zum Erlebnis machen.

Ein Arzt – und in dir wächst Hoffnung; zwei Ärzte – und in dir wächst Zweifel.

Asket

Ein Asket berauscht sich an der Entbehrung.

Asketen sind Athleten des Verzichts.

Astrologie

Astrologie ist der Versuch, Unwissenheit durch Aberglauben zu überwinden.

In der Seefahrt ersetzen die Satelliten schon die Sterne; die Astrologie wird sich umorientieren müssen.

Asyl

Hoffentlich gewähren die Götter der unterschiedlichen Religionen sich gegenseitig Asyl.

In der Schweiz erhält jedes Geld Asyl.

Nichts auf der Welt hat Asyl so nötig wie die Wahrheit.

Atem

Mit dem letzten Atemzug verlassen wir unser Leben.

Atheist

Der Atheist führt ein gottverlassenes Leben.

Auch Atheisten haben einen gesegneten Appetit.

Auferstehung

Wegen der Auferstehung leistet der Tod Sisyphus-Arbeit.

Das Gesetz von der Erhaltung der Masse gibt dem Glauben an die Auferstehung zumindest eine materielle Basis.

Bedenket, je größer der Grabstein, desto schwieriger wird die Auferstehung.

Aufgabe

Die wichtigste Aufgabe ist die Suche nach der wichtigsten Aufgabe.

Der Anfänger muss an seine Aufgabe glauben, der Könner geht in ihr auf.

Groß fühlt sich, wer seinen Aufgaben gewachsen ist.

Aufklärung

Die moderne Aufklärung: Es herrscht der kategorische Präservativ.

Adam und Eva sind das Urbeispiel für die Folgen fehlender Aufklärung.

Augenblick

Augenblicke sind die Quanten der Ewigkeit.

Der Augenblick ist das poröse Diaphragma, durch das die Zukunft in die Vergangenheit sickert und erstarrt.

Ausrede

Erfolgsmeldungen sind immer schlicht, üppig dagegen die Ausreden.

Eine phantasievolle Ausrede schmückt die Niederlage.

Wo kein Wille ist, findet sich die Lust an Ausreden.

An ihren Ausreden sollt ihr sie erkennen.

Auto

Durch den Wald von Verkehrszeichen bewegen sich die Autos wie Schilder-Kröten.

Die Autoschlange macht giftig.

Wer sein Auto zu wichtig nimmt, macht es zum Laster.

Wer Autos sät, wird Schrott ernten.

Manche halten die Autobahn für eine Wüstenpiste – jedenfalls verhalten sie sich wie Kamele.

In den Städten streunen immer Autos auf der Suche nach einem Parkplatz herum.

Schnelle Fahrten sind Abkürzungen zum (Auto-)Friedhof.

In Autowerkstätten wird heutzutage weniger repariert als vielmehr operiert, und entsprechend berechnet.

Früher gab Rost den Autos Würde.

Dieses Elend: Nachts sind die Straßen voll von obdachlosen Autos.

Menschen und Autos haben nur eines gemeinsam: Je älter sie werden, desto mehr Sprit verbrauchen sie.

Urlaub mit dem Auto:
Man staut sich so durch.

Durch die vielen Polizeikontrollen wird das Autofahren entweder zu einem Aufmerksamkeitstest oder zu einer Blitzfahrt.

Das größte Wunder der Evolution: Unsere Füße sind so geformt, dass wir im Auto bequem Gas geben können.

Das Jenseits ist auch mit dem Auto zu erreichen.

Autofahrer

Verwegene Autofahrer rasen dem Tod auf die Schippe.

Fußgänger sind Autofahrer auf dem Weg vom oder zum Parkplatz.

Wenn ein Autofahrer mal zu Fuß gehen soll, wird er ganz fahrig.

Autosticker: Wenn ich anfange einzuparken, bringen Sie sich besser in Sicherheit.

Das größte Risiko für das Auto ist der Fahrer.

Und wenn ich wüsste, dass morgen die Welt unterginge, ich würde heute noch mein Auto waschen.

Was nützt einem Ochsen am Steuer ein Tiger im Tank?

Das rote Licht hat eine längere
Wellenlänge als das grüne – das weiß
jeder Autofahrer vor den Ampeln.

Der Auto-Fan: Ich gebe Gas,
also bin ich.

Autor

Wen Pegasus aus dem Sattel wirft, der
gilt als experimenteller Autor.

Erfolgsautoren beschreiben einen
Film, den sie hinterher gern sehen
würden.

Bei Bestsellerautoren wird aus
Pegasus ein Dukatenesel.

Autorität

Autorität beginnt, wenn andere
freiwillig zuhören.

Wenn Autoritäten Mist machen, dann
sind es Kunstfehler, wenn Künstler
Fehler machen, dann ist es Mist.

Autorität heißt Einfluss haben, nicht
Eindruck machen.

Die Autorität der Fakten ist schlicht,
aber unumstößlich.

Definitionen

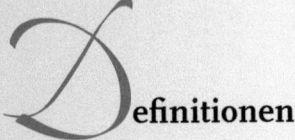

Abenteuer-Urlaub: Tanz auf dem Vulkan

Abstinenz: Ein Pyrrhussieg über die Freude

Ärger: Frustgewinn

Akademischer Alkoholiker: Äthanoliker

Aktien: Gequantelte Besitzherrschaft

Alkohol: Rein vegetarisches Getränk

Amerikanisch: Gekautes Englisch

Amerikanische Fernsehserien: Fast-Food-Entertainment

Amerikanische Freiheit: Jeder kann schalten und rechtsanwalten wie er will

Amtsgebäude: Bürokratie-Gewächshaus

Amtsschimmel: Penicillium buerocraticus

Antialkoholiker: Fahnenflüchtige

Aphorismensammlungen: Massentierhaltungen für geflügelte Worte

Aphorismus: Verdichtete Dichtung

Aphoristiker: Kurz-und-knapp-Denker

Arroganz: Selbstwert-Eutrophie

Arteriosklerose: Jahresringe in den Adern

Astronauten-Anzug: Vakuumstandskleidung

Atheismus: Risiko und Nebenwirkung der Religion

Auto: Carkotikum

Autogesellschaft: Schwerter zu Stoßstangen und Gummiknüppel zu Reifen

Auto-Messe: Car-neval

Autopsie: Ultimative Nachsorge-Untersuchung

BBB**B**B**B**B B

Bahn

Die eiserne Bahnregel: Alle Gleise führen ins Defizit.

Bahnhöfe geben jeder Stadt die ehrliche Chance, ihr nach allen Richtungen entfliehen zu können.

Bank

In einer Bank wird höchstens im Keller und im Erdgeschoss mit Geld umgegangen, in den oberen Etagen nur noch mit Informationen.

Bank-Regel: Wenn der Zinsfuß zu leicht wird, heben die Leute ab.

Banken: Jesus trieb die Geldwechsler aus dem Tempel; seitdem bauen sie ihre eigenen.

Im Park gibt es kaum noch eine Bank, aber an jeder Straßenecke!

Wer im Bankhaus sitzt, soll nicht mit Scheinen werfen.

Die raffinierten Bankräuber laufen nicht in Streifen herum, sondern in Nadelstreifen.

Beamte

Der Stempel ist die Handfeuerwaffe des Beamten.

Der Beamte hat keine Angst vor dem Tod, sondern davor, seine Pension nicht lange genug nutzen zu können.

Ein Beamter liebt seine Arbeit und schläft gern bei ihr.

Beamte lassen sich beschleunigt befördern, Vorgänge nicht.

Der Beamte wäscht seine Hände in Unzuständigkeit.

Bedenken

So wenig kann einer von einer Sache gar nicht verstehen, als dass es nicht für ernste Bedenken reicht.

Begabung

Begabung ohne Berufung wird zur Belastung.

Begeisterung

In der Woge der Begeisterung geht leicht der Boden unter den Füßen verloren.

In jeder Begeisterung ist ein Körnchen Fanatismus.

Vor Begeisterung kann einer von allen guten Geistern verlassen sein.

Das Feuer der Begeisterung lässt sich schnell mit Papierkram und Formularen löschen.

Begeisterung ist der Sieg des Vorstellungsvermögens über die Urteilskraft.

Begrüßung

Begrüßungen können zu Beheuchelungen ausarten.

Behörden

Behörden sind Gestüte für Amtsschimmel.

Der Sinn einer Behörde ist ihre Existenz, und ihr Zweck ist deren Erhaltung.

In guten Behörden wird jeder Vorgang so behandelt, als käme er zum ersten Mal vor.

Je starrer die Ordnung in einer Behörde, desto mehr Chaos löst sie draußen aus.

Beifall

Wer Beifall will, muss auch den Klatsch ertragen.

Wer Beifall sucht, geht darin unter.

Die beliebteste Spende ist der Beifall.

Wer Beifall liebt, wird ihn überall suchen.

Der Traum des alten Schauspielers: Sich unter Beifall begraben zu lassen.

Beifall ist Opium für die Volksvertreter.

Berater (Consultants)

Wenn es den Unternehmen gut geht, können sie sich die meisten Berater leisten.

Die politischen Berater sind intellektuelle Bodyguards – sozusagen Brainguards.

Wettbewerber und Kunden sind Berater, die nichts kosten.

Die heutigen Goldmacher sind die Consultants.

Consultants sind Diagnostiker, die die Therapie dem Kranken überlassen.

Wer einen Consultant holt, muss wissen, ob er einen Internisten oder einen Chirurgen braucht.

Der erste Consultant war die Schlange im Paradies.

Berlin

Die höchsten Erhebungen von Berlin sind die Schuldenberge des Staates.

Beruf

Perfektion ist eine Berufskrankheit, die in allen Berufen geschätzt wird.

Traumberuf: Sachverständiger für Gegenstandsloses.

Der Beruf ist die Oase in der Wüste des Daseins.

Bescheidenheit

Das Problem der Zukunft wird nicht der Mangel an Rohstoffen und Energie sein, sondern der an Bescheidenheit.

Bescheidenheit kann ausschweifende Formen annehmen.

Bescheidenheit ist nur dann eine Tugend, wenn man anders könnte.

Bescheidenheit ist wie Gesundheit: nicht ansteckend.

Der Reichtum der Bescheidenheit ist durch nichts zu bezahlen.

Besitz

Wer sich an seinen Besitz klammert, hat keine Hand frei fürs Geben.

Die modernen Festungen sind die Besitzstände.

Bestechung

Schmeichelei ist die billigste Form von Bestechung.

Der Tod kann nicht von dieser Welt sein, denn er lässt sich aber auch durch gar nichts bestechen.

Betonköpfe

Betonköpfe tragen meist auch noch ihre Bretterverschalung mit sich herum.

Betrieb

Die Betriebsklimaanlage ist der störanfälligste Teil einer Firma.

Die verbreitetste Berufskrankheit ist die Betriebsblindheit.

Beweis

Ein zu weit gegangener Beweis weckt wieder Zweifel.

Der Beweis ist die Guillotine für den Irrtum.

Bienen

Bienenvölker der Erde, erhebt euch gegen eure Königinnen!

Wenn die Menschen Bienen wären, würden sie sich gegenseitig den Honig wegnehmen.

In der Wirtschaft kommt erst der Bienenfleiß und dann die Blüte.

Was die Blumen mit den Bienen treiben, ist Sodomie – so etwas gehört nicht in Schulbücher!

Wenn die Bienen Büros hätten, säßen lauter Drohnen drin.

Bildung

Der Schwerpunkt der deutschen Bemühungen um Bildung hat sich auf die Vermögensbildung verlagert.

Halbbildung ist nicht Bildung auf halbem Wege, sondern in die verkehrte Richtung.

Weder Gold noch Geld schließen Bildungslücken.

Bildschirm schirmt vor Bildung ab.

Bio

„Bio" ist das grüne Hütchen, mit dem jeder Begriff umweltverträglich aussieht.

Gerade die Grünen lehnen Bio-Waffen ab.

Biologie

Nach der Molekularbiologie muss der Sitz der Seele im Zellkern sein.

Die Anziehung der Geschlechter ist die Gravitationskraft der Biologie.

Blüten sind der Brautschmuck der Pflanzen.

Jede Zeugung ist ein biologischer
Urknall.

Biologisch stehen Engel zwischen
Mensch und Geflügel.

Bionik

Wie lange hat die Autoindustrie
gebraucht, um triviale Dinge
vom Menschen zu lernen, z.B. die
Wichtigkeit von Knautschzonen.

Börse

Die Börse ist das Spekulatorium des
Geld-Ordens.

Die Börse und die Spielbank kommen
sich immer näher, so dass eine Fusion
langfristig nicht auszuschließen ist.

Im Vergleich zu einer Spielbank ist die
Börse die reinste Spielhölle.

Die Börse ist ein Glücksspiel, bei dem
die Gerüchte den Zufall ersetzen.

Macht die Börsen zu Gotteshäusern,
denn nirgendwo wird stärker an
Wunder geglaubt.

Wenn die Börse hohes Fieber hat,
phantasieren die Anleger.

Die Börse hat sich zum Abenteuer-
spielplatz entwickelt.

Boulevard-Blätter

Bitte an die Boulevard-Blätter:
Zutreffendes bitte unterstreichen.

Bretter

Meistens sind die Bretter vor den
Köpfen auch noch ungehobelt.

Wegen des Umweltschutzes sollten die
Bretter vor dem Kopf aus Spanplatten
bestehen.

Bretter stehen Holzköpfen besonders
gut.

Brüder

„Alle Menschen sind Brüder!"
Euer Kain.

Brüllen

Wer brüllt, wenn ihm etwas nicht
passt, steckt emotional noch in den
Windeln.

Brüllen ist eine Re-Primatisierung des Menschen.

Buch

Ein Buch, in dem der Leser nicht etwas von sich entdeckt, wird er vergessen.

Dicke Bücher sollten unbedingt aufgehoben werden – ihr Heizwert könnte später einmal beträchtlich sein.

Bibelfilme sind bei den Produzenten so beliebt, weil das Drehbuch umsonst ist.

Bürokratie

Der Papierkrieg ist die Fortsetzung der Bürokratie mit anderen Mitteln.

Durch den Computer wird eine virtuelle Bürokratie möglich.

Je besser eine Bürokratie funktioniert, desto lästiger wird sie.

Die Amtstracht des Bürokraten ist das Kleinkarierte.

Der Bürokrat schneidet sich nie ins eigene Sitzfleisch.

Der Tod eines Bürokraten ist sein letzter Akt.

Bürokratie ist die moderne Form von Freiheitsberaubung.

Die Bürokraten möchten der Gesellschaft ihren Stempel aufdrücken.

Jede Bürokratie hat ihren Ausdehnungskoeffizienten.

Der Dienstweg ist eine aufwärts führende Umlaufspirale.

Jede Bearbeitung hält die Akte bei ihrem Umlauf auf.

Es gibt keinen Vorgang, der auf dem Dienstweg nicht komplizierter wird.

Bürokraten neigen dazu, Vorgänge zu optimieren, die besser unterbleiben sollten.

Ameisenstaaten haben Jahrmillionen überlebt, weil sie auf eine Bürokratie verzichteten.

Bürokratie ist ein Drama in unzähligen Akten.

Bundestag

Der Bundestag hat eine Kuppel aus Stahl und Glas, damit sich die Balken nicht biegen können und das Blaue vom Himmel versprochen werden kann.

Burg

Ein' feste Burg ist unser Geld.

Busen

Nackte Busen sind keine Presse-
freiheit, sondern nur informations-
leere nackte Tatsachen.

Definitionen

Banker: Krieger vom Stamm der Zinsfuß-Indianer

Bauernregel: Regen ist Silber, Dünger ist Gold

Bauernweisheiten: Aphorismen im Trachtenanzug

Behörde: Vorsicht Amtsmienen!

Beichte: Schnellreinigung für verschmutzte Gewissen

Berlin: Hauptstadt der Erregung

Bestsellerautor: Leserattenfänger

Bett: Beliebtestes Naherholungsgebiet

Bettler vor der Börse: „He, ham Se mal'n Tipp für mich?"

Bibelübersetzung (modern): Christus ist ins Jenseits gebeamt

Black out: Wenn der Computer im Kopf abstürzt

Börse: Tempel, in dem der Teufel los ist

Bonsai-Profit: Besondere Form des Asien-Geschäftes

Boxen: Lingua fausta

Bürokraten: Stempelkissen-Kaste

Bundespresseamt: Informationsbedürfnisanstalt

cccC**C**Cccc

Chance

Es gibt kein Fundbüro für verlorene Chancen.

Wer die Probleme auf sich zukommen lässt, hat die besseren Chancen, ihnen auszuweichen.

Jenachdemiker haben stets gute Chancen.

Die Chancen im globalen Wettbewerb liegen in der Spitzentechnologie, darunter wird die Luft dünn.

Chaos

Das Leben ist ein Chaos, in das wir nicht Ordnung, sondern Sinn bringen sollen.

In jedem Missstand steckt die Chance zum Chaos.

Im Leben geht es immer chaotisch zu, erst auf dem Friedhof kehrt Ordnung ein.

Wissen ist Macht, Chaos ist mächtig.

Kraut und Rüben sind das Biotop für Chaoten.

Charakter

Je weniger Charakter einer hat, desto mehr Image braucht er.

Luxus ist ein Weichmacher für den Charakter.

Geld frisst Löcher in den Charakter. Zu viel Geld verdirbt den Charakter, zu wenig gefährdet ihn.

Luxus gibt selbst minderwertigen Charakteren das Gefühl, etwas wert zu sein.

Ehrgeiz und Neid sind synergistische Charaktergifte.

Eine höhere Position gibt den Charaktermängeln mehr Entfaltungsspielraum.

Mit allen Wassern gewaschen zu sein ist vorteilhaft, aber die Abgebrühten haben noch größere Chancen.

Rampenlicht bleicht den Charakter aus.

Im Unglück wird ein Charakter auf die Probe gestellt, im Glück muss er sich bewähren.

Mit Geradlinigkeit kommt einer heutzutage schlecht über die Runden.

Die meisten Charakterdarsteller gibt es auf der politischen Bühne.

Charme

Hollywood zahlt für den Charme,
nicht für den Charakter.

Für eine Frau besteht der Charme
eines Mannes vor allem in seiner
Bewunderungsfähigkeit.

Chef

Die meisten Chefs sind human:
Sie verlangen keine Wunder, sie sind
schon mit Bewunderung zufrieden.

Um jeden Chef bildet sich
eine Gerüchteküche.

Chemiker

Die Chemiker wissen es längst:
Unter Druck geht vieles besser.

Der Chemiker sucht nach
Verbindungen, der Kaufmann nach
Beziehungen.

Der Chemiker brachte seine Frau
zum Arzt, weil sie inzwischen ganz
aufgelöst war.

Computer

Ein Computer würde erst dann
menschenähnlich, wenn er anfinge
zu lügen.

Der Mensch ist das missing link
zwischen Affe und Computer.

Computer fischen Treibgut aus dem
Informations-Strom.

Der Computer kann nur mit dem
Strom, aber nicht gegen ihn denken.

Die Festplatte des Menschen:
das weiche Gehirn.

Das menschliche Gehirn funktioniert
genau umgekehrt wie ein Computer:
Es arbeitet am schlechtesten, wenn es
unter Spannung steht.

Mit Computern können wir so irren,
dass nur noch Experten helfen.

Das Auffallendste am Computer ist,
dass ihm nichts einfällt; er kann
höchstens ausfallen.

Vor dem Computer sind alle gleich.

Traue keinem Computer, der älter als
fünf Jahre ist.

Computer haben keine Moral, aber
sie sind ehrlich.

Computer können sehr ausfallend
werden.

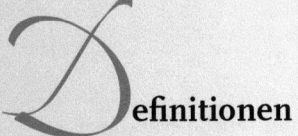efinitionen

Calvinismus:
Lobet Gott und liebet Geld

Carbon: Erdzeitalter, das an den
Kohle-Subventionen Schuld ist

Chaos: Prä-Paradies

Choleriker: Schimpfomane

Christianisierung: Vom Regen in
die Taufe

City: Teil der Städte, wo es von Banken
wimmelt und Bänke fehlen

Columbus-Effekt: Über den Irrtum
zum Erfolg

Computer: In einer harten Schale
steckt ein softer Kern

Computer: Intelligenz-Prothese

Concorde: Überschall mit Pleitegeier

Consultants: Männer mit Ratkraft

Consulting: Unterweisung für
Überweisung

Couch: Werkbank der Psychiater

D

Dank

Sei nett zu dir, aber erwarte keinen Dank.

Wer abdankt, bekommt Dank ab.

Wer Dank ernten will, muss bei der Ernte dabei sein, nicht beim Säen.

Wie undankbar wir sind: Wenn die Sonne uns anstrahlt, werfen wir Schatten.

Darwin

Die Evolution hat vor allem Darwin hervorgebracht.

Mit so einem wie Darwin hätte die Kirche im Mittelalter nicht lange gefackelt.

Demagogen

Demagogen bellen und lassen andere beißen.

Wenn Demagogen ihre Schwindelanfälle haben, geraten die Massen in Freudentaumel.

Demokratie

Die Demokratie ist die einzige Staatsform, in der Irrtümer eine Mehrheit brauchen, um sich durchzusetzen.

Demoskopen

Demoskopen sind entartete Astrologen, die den Menschen mehr glauben als den Sternen.

Denken

Denken ist der Luxus unseres Gehirns.

Kurzfristiges Denken hat langfristige Folgen.

Denken ist Rudern, Träumen ist Segeln.

Das Denken ist des Hirnes Lust.

Beim Denken ist Diät beliebter als beim Essen.

An wen wir denken, der ist zu Besuch in unserem Kopf.

Denken schadet den Illusionen.

In Szenarien denken ist Vorstellungskraftsport.

Erfolg lenkt vom Denken ab.

Das falsche Denken verwirrt den Verstand, das Falsche denken verdirbt den Charakter.

Wer ständig denkt, wird zum thinkaholic.

Das Gegenteil von sauberem Denken sind nicht schmutzige, sondern unklare Gedanken.

Denken, das nicht im Zweifel endet, ist Schwärmerei.

Zwischen Sprachlosigkeit und Schweigen liegt das Denken.

Denken ist neuronales Abenteuer.

Nur im Denken ist die Gesellschaft klassenlos.

Auch wenn du gut von dir denkst: bleibe skeptisch.

Wenn Begriffe verschwimmen, vernebelt sich das Denken.

Wer in eingefahrenen Gleisen denkt, kommt auch nur auf Bahnhöfen an.

Macht Denken zum Volkssport!

Denkmal

Steinigt die Denkmäler!

Das Grabmal für den letzten Soldaten, das wäre ein Denkmal wert.

Denkmalschutz für Luftschlösser!

Detail

Wo ein Detail ist, da findet sich auch ein Teufel.

Die Details nicht zu kennen, kann zu Fehlern führen, nur die Details zu sehen, verursacht Fehlurteile.

Wer in das Detail verliebt ist, wird leicht zum Teufel.

Zur Perfektion gehört auch die Liebe zum Detail.

Deutsche

Bei den Deutschen wird es immer beliebter, in der ersten Reihe zu sitzen, anstatt an der Spitze zu stehen.

Die Masse der Deutschen bleibt konstant: die Zahl nimmt ab, aber das Gewicht nimmt zu.

Viele Deutsche hätten ohne die Autobahn überhaupt kein National-gefühl.

Hochdeutsch ist der Dialekt derer, die sonst keinen können.

Spaßvögel haben bei uns ein höheres Ansehen als der Bundesadler.

Deutschland

Wenn irgendetwas irgendwie gesetzlich geregelt werden kann, wird es irgendwann in Deutschland geschehen.

Zur Gentechnik: Stop the world! Deutschland muss erst Gesetze machen.

Vom Bildungsnotstand zum Beschäftigungsnotstand ist es nur eine halbe Generation.

Deutschland ist Exportweltmeister, vor allem mit seinen Auslandstouristen.

Welche Überraschung: Die Wohlfahrt ins Blaue führte in rote Zahlen.

Zur Ankurbelung der Wirtschaft fordern wir die Globalisierung des deutschen Qualitäts-Gartenzwerges.

Inzwischen gibt es in Deutschland mehr Parkplätze als Arbeitsplätze.

Deutschland, das Land der unbegrenzten Aufgeregtheiten.

Die Muttersprache kann zum Vaterland werden.

In Deutschland ist nicht einmal mehr die Rente dynamisch.

Diagnose

Ohne richtige Diagnose kann sich die Therapie selbst zur Krankheit entwickeln.

Die moderne Diagnose deckt mehr auf als dem Patienten gut tut.

Dichtung

Natürlich küssen die Musen auch moderne Dichter, nur fragt sich manchmal, wohin.

Hätte sich die Dichtkunst so abstrahiert wie die Malerei, wäre nur noch ein Grunzen übrig geblieben.

Die Tinte ins Korn zu werfen, wäre nicht selten eine gute Alternative.

Dienstleistung

Die meisten verstehen unter Dienstleistungsgesellschaft eine Gesellschaft, in der man sich Dienste leisten kann.

In der Dienstleistungsgesellschaft darf jeder mehr Freundlichkeit erwarten als er verdient.

Das wirtschaftliche Perpetuum mobile: Jeder bedient jeden und alle leben gut davon.

Dienstweg

Der Dienstweg ist die längste Entfernung zwischen zwei Entscheidungspunkten.

Weil der Dienstweg so lang ist, müssen sich die Beamten öfters ausruhen.

Diktator

Diktatoren sind empfindlich gegen Gleichgesinnungsstörungen.

Die Philosophen haben die Welt auf verschiedene Art gedeutet, die Diktatoren haben sie auf verschiedene Art ausgebeutet.

Die Diktatoren bekämpfen Gott, wollen aber als Heilige verehrt werden.

Diktatoren sind die wahren Vollblut-Politiker.

Die Pläne der Diktatoren kennen keine Grenzen.

Ein Diktator lässt schon mal gern beide Augen zudrücken.

Diktatoren hauen dem Volk auf die Presse.

Alle Diktatoren sind feige. Sie wagen es nicht, sich freien Wählern zu stellen und ein freies Volk zu regieren.

Diktatoren schauen dem Volk aufs Maul, um Maß zu nehmen für den Maulkorb.

Diktatoren machen aus Völkern Herden und aus Heeren Horden.

Diktatoren unterscheiden messerscharf zwischen Anhängern und Widersachern.

Das Gesicht eines Diktators ist ein Minenfeld.

Die gefährlichste biologische Waffe eines totalitären Systems ist der Diktator selbst.

Alle Diktatoren sind bedingungslose Selbstverehrer.

Diktatoren benehmen sich wie Könige, die sich ihr Volk als Narren halten.

Die aufgeklärten Diktatoren wollen ihren Untertanen Vertrauen einflößen, und wenn es sein muss, mit Gewalt.

Alle Diktatoren haben ausnahmslos die Kunst gleichgeschaltet und damit aufgezeigt, wie wichtig eine freie Kunst ist.

Die letzte Verfügung des Diktators: Einsatz von Tränengas bei der Trauerfeier.

Diktatur

Demokratie: Ein Mensch – eine Stimme.
Diktatur: Ein Mensch – ein Schrei.

In der Diktatur werden die wenigen kostbaren Freiheiten von der Polizei bewacht.

In Diktaturen ist die Wahrheit ein Abführmittel.

Zwangsjacken gehören in Diktaturen zur Volkstracht.

Die Menschheit braucht ein paar Diktaturen auf der Erde, sonst verliert sie den Sinn für die Kostbarkeit der Freiheit.

Alle Diktaturen entwickeln sich zu Nationalparks für Charakterschweine.

Dogma / Dogmen

Dogmen sind geweihte Vorurteile.

Ein Dogma ist Krücke und Knüppel zugleich.

Dummheit

Dummheiten, die bloß Geld kosten, sind immer noch die billigsten.

Das Problem des Fortschritts ist, dass die Dummheiten viel größere Folgen haben als früher.

Dummheiten sind infektiöser als Weisheiten.

Dummheit verbündet.

Durchschnitt

Der Durchschnitt ist das Maß, von dem jeder annimmt, er läge darüber.

In der Natur sichert der Durchschnitt den Bestand und die Ausnahme die Entwicklung.

Leistung ist der Fluchtversuch aus der Durchschnittlichkeit.

efinitionen

Demagoge: Phrasendreschflegel

Demagogie: Zuerst einseifen und dann ein Bad in der Menge nehmen

Denken: Surfen im Brain-net

Deutsche Autobahn: Fast-foot-highway

Dialekt: Verbaler Widerstand gegen sprachliche Obrigkeit

Dienstweg: Jagd-Revier für Papier-Tiger

Diktatur: Es gilt das unterdrückte Wort

Diktatur: Radikales Abführmittel

Diktatur: Spitzbuben kommen an die Spitze

DNS: Der alte Zopf der Evolution

Dogmatiker: Hausdiener in Theorien-gebäuden

Dogmen: Versteinerte Vorurteile

Doppelmoral: Immer eine in Reserve

Dudelsack-Spielmannszug: Rock-Musik

EEE**E****E**EE

Egoismus

Egoismus ist Nächstenliebe, die sich nicht verzetteln will.

Im Egoismus sind wir solidarisch.

Ehe

Eine Ehe kann zum offenen Vollzug werden.

Der Pantoffelheld bekommt zu Hause seine Meinung gebügelt.

Die Ehe beginnt mit dem Happy end.

Eine Ehe ohne Tätlichkeiten gilt heute bereits als glücklich.

Geld-Ehen fangen mit der Goldenen Hochzeit an.

Moderne Ehen: Wo sie der Wille ist, ist er bald weg.

Ehemänner müssen so viel zuhören, dass sie sich das Schweigen angewöhnen.

Der Zufall schließt manche Ehe, aber er trennt keine.

Die Ehe besteht aus lauter Gleichungen mit einer/m Unbekannten.

Ehrgeiz

Ehrgeiz ohne Können und Tatkraft mündet in Neid.

Ehrgeiz zeigt sich besonders penetrant, wenn versucht wird, ihn zu verbergen.

Die Verblendeten halten sich gern für Erleuchtete.

Ehrlichkeit

Ehrliche Finder sind immer seltener zu finden.

Ehrlichkeit nimmt Optionen, schenkt aber ein gutes Gewissen.

Ei

Auch das Ei des Columbus wurde hinterher in die Pfanne gehauen.

Die Frage nach Henne und Ei ist eine emanzipatorische Nichtachtung des Hahns.

Für den Hahn ist die Frage nach Henne und Ei schnödes Gegacker.

Eichen

Alte Eichen sehen aus, als ob sie Arthritis hätten.

Eichenholz ist beliebt für die Bretter vorm Kopf.

Eigenlob

Luxus ist materialisiertes Eigenlob und stinkt auch so.

Die beliebteste Duftnote ist und bleibt das Eigenlob.

Mit Eigenlob kann man sich noch mehr bekleckern als mit Ruhm.

Eigenlob stinkt, deswegen benutzen eitle Damen schwere Parfums.

Das Eigenlob des Bescheidenen riecht nach Weihrauch.

In geschlossenen Räumen sollte Eigenlob aus ökologischen Gründen verboten werden.

Eindruck

Wer Eindruck machen will, macht genau diesen Eindruck.

Einigkeit

Einigkeit macht stark, besonders im Irrtum.

Eitelkeit

Eitelkeit strebt nach äußerem Glanz, beschmutzt aber die Seele.

Eitelkeit will Neid erregen.

Eitelkeit ist ehrlich, sie versteckt sich nicht.

Emanzipation

Früher lud er sie ein, um ihr seine Briefmarkensammlung zu zeigen, heute nimmt sie ihn mit, um ihm ihre Software vorzuführen.

Wo bleibt im Zuge der Emanzipation neben dem Boykott der Girlkott?

Bei Emanzen drängt sich gelegentlich das Gefühl auf, sie stammten aus Eizellen, die den Schock der Befruchtung nie ganz überwunden haben.

Früher ging es den Frauen darum, erobert zu werden, nach der Emanzipation bestehen die darauf.

Durch die Emanzipation wird die Küche zum Refugium für den Lebensgefährten.

Energie

Wenn es gelänge, Energie aus den Geldströmen zu gewinnen, könnten wir auf das Öl verzichten.

Die wichtigste Energiequelle ist der Gedankenblitz.

Spart Energie, löscht die Lichter an den Enden der Tunnels!

Die Windkraftwerke bilden den Übergang vom Umweltschutz zur Landschaftsverschandelung.

Entdeckung

Entdeckungen waren manchmal Fallobst unter dem Baum der Erkenntnis.

Wenn die Zeit reif ist für eine Entdeckung, bestimmt der Zufall, wer diese Entdeckung macht.

Entdeckungen werden gerne mit Anekdoten dekoriert.

Auch großartige Entdeckungen verkommen mit der Zeit zu Banalitäten.

Entscheidung

Jede Entscheidung verursacht mehr als die beabsichtigten Folgen.

Entscheidungen schicken die Alternativen zum Teufel.

Entscheidungen am grünen Tisch wirken oft wie ein rotes Tuch.

Die kleinen Entscheidungen fällt der Mensch mit dem Großhirn, die großen mit dem Kleinhirn.

Auch ein Strohhalm kann eine Entscheidungshilfe sein.

Eine Entscheidung zu verschieben, wird in der Regel einmütig entschieden.

Enttäuschung

Enttäuschungen sind die Diamanten unter den Erfahrungen: Man muss sie mit Fassung tragen.

Frisch enttäuscht ist halb verbittert.

Jedem Anfang wohnt ein Zauber inne und jedem Ende eine Enttäuschung.

Enttäuschungen kommen immer zu spät.

Mit den Enttäuschungen reift der Charakter.

Die Quellen der Enttäuschungen sind unerschöpflich.

In allen Revolutionen flogen die Erwartungen hoch und fielen als Enttäuschungen wieder herunter.

Die Hoffnungen können wir uns aussuchen, die Enttäuschungen werden uns zugeteilt.

Erbsünde

Das Obst vom Baum der Erkenntnis liegt uns immer noch im Magen.

Die eigentliche Erbsünde war die Entdeckung der Verführbarkeit.

Erde

Ist die Erde das Narrenschiff des Universums?

Für den Teufel ist die Erde das Paradies.

Macht die Erde wieder zu einer Scheibe, dann ist mehr Platz für Solarzellen.

Räumt die Erde auf, wir könnten Besuch aus dem Universum bekommen!

Der Mensch hat die Erde schon so infiziert, dass sie beginnt, Fieber zu bekommen.

Erdöl

Die hundert Jahre Erdölzeit werden einmal als das Paradies auf Erden gelten.

Ob wohl in der Hölle inzwischen auch mit Öl und Gas geheizt wird?

Und Allah sprach: „Es gebe Öl", und siehe, es gab Öl.

Das Weltbild der Scheichs ist ein Ölgemälde.

Erfahrung

Erfahrung ist die summierte Wegstrecke, die man auf Holzwegen zurückgelegt hat.

Im Zeitalter des Autos werden die meisten Erfahrungen tatsächlich erfahren.

Erfahrung gibt Urteilsmut, Wissen gibt Urteilskraft.

Der Mangel an Erfahrung formt einen Menschen stärker als die Erfahrung.

Erfahrung ist alles, was man hinterher besser weiß.

Die Schönheitschirurgen verwischen die wertvollen Zeichen von Erfahrung.

Erfahrungen sind Medikamente, die durch ihre Risiken und Nebenwirkungen heilsam sind.

Schlechte Erfahrungen sind ehrliche Ratgeber.

Erfahrung ist das einzig Wertvolle, das wir mit ins Grab nehmen.

Die wertvollsten Erfahrungen sind nicht die teueren, sondern die bitteren.

Erfindung

Prometheus hätte besser ein Feuerzeug erfinden sollen.

Je weiter sich eine Erfindung von ihrem Urheber entfernt, desto mehr verdienen andere an ihr.

Erfindungen schaffen Arbeitsplätze, aber Arbeitsplätze lassen sich nicht erfinden.

Die meist genutzte Erfindung der Bibel ist der Sündenbock.

Erfolg

Wer Erfolg hat, berichtet in Zahlen, wer keinen hat, in Erzählungen.

Der Erfolg eines Lebens kann darin bestehen, auf den Erfolg zu verzichten.

Auch Erfolge hinterlassen Narben.

Erfolg schlägt dem Gewissen oft die Zähne aus.

Wer auf Erfolg wartet, hat bereits verpasst, worauf es ankommt.

Lieber den Schlüssel zum Erfolg als den Stein der Weisen.

Erfolgreich ist, wer nicht vergisst, wo noch was zu holen ist.

Ein Erfolgsmensch muss nicht immer Recht haben, aber er ist immer überzeugt.

Erfolg kann ein Leben erfüllen, ersetzt aber keinen Lebenssinn.

Viele erfolgreiche Männer sind aus Zeitmangel bloß assoziierte Mitglieder ihrer Familien.

Bei der Jagd nach Erfolg ist man selbst die Trophäe.

Der Erfolg ist ein schlechter Freund.

Der Erfolgreiche glänzt, der Glückliche strahlt.

Missgeschicke erziehen den Menschen, Erfolge verziehen ihn.

Erfolge bekommen Applaus, aber Fehlschläge haben ein längeres Echo.

Erfolg prägt, Misserfolg stempelt.

Erinnerung

Unser Genom steckt voller Erinnerungen an den langen Weg durch die Evolution.

Sich erinnern heißt, cerebral wiederzukäuen.

Erinnerungen sind mentale Wiedererlebnisversuche.

Gedächtnis holt hervor, Erinnerung verklärt.

Erinnerung schminkt.

Der Nabel ist das Erinnerungs-geschenk von der Mutter.

Erkenntnis

Warum hat Adam bloß genascht, anstatt den ganzen Baum der Erkenntnis leer zu fressen?

Am Baum der Erkenntnis findet sich auch Zwergobst.

Neue Erkenntnisse sind immer rücksichtslos.

Das Interessanteste am Baum der Erkenntnis sind nicht die Früchte, sondern die Wurzeln.

Neue Erkenntnisse sind epidemisch.

Der Erkenntnisprozess braucht keine Geschworenen.

Im Baum der Erkenntnis wuchern die Misteln der Vorurteile.

Wer zu wenig vom Baum der Erkenntnis isst, kann einen Durchfall erleben.

Auch der Baum der Erkenntnis hat trockene Äste.

Ideologien sind die Wassertriebe am Baum der Erkenntnis.

Im Baum der Erkenntnis muss man auch dem Ast misstrauen, auf dem man sitzt.

Wer Zweifel sät, wird Erkenntnis ernten.

Erziehung

Autoritäre Erziehung: Vertrauen ist gut, verhauen ist besser.

Der eigentliche Sinn einer Erziehung ist, dass der junge Mensch eine Tätigkeit findet, zu der er sich berufen fühlt.

Der Lack der Erziehung hält nur auf festem Grund.

Erziehung ist Fundament oder Altlast fürs Leben.

Esoterik

Die meiste Esoterik-Literatur sollte phlogistoniert werden.

Es finden sich viel mehr Bücher über die Wirkung von Kristallen als über Kristallographie

Essen

Feinschmeckerlokale sind die Freudenhäuser der Gourmets.

Wo gut gegessen wird, da wird auch nicht besser verdaut.

Essen ist ein beliebter Breitensport.

Evolution

Der Mensch ist der cerebrale Neureiche der Evolution.

Die Evolution hat im Laufe der Zeit alles verändert, nur nicht den Tod.

Der Pfau ist ein Beleg dafür, dass die Evolution auch zum Kitsch fähig ist.

Wir haben noch allerlei Gerümpel aus der Evolution in unserer Dachkammer.

Manche Arten sind nur Mode-erscheinungen der Evolution gewesen.

Die Evolution ist Gottes Versuch, die Schöpfung nachzubessern.

Die Evolution ist schleichende Genmanipulation.

Die Evolution des inneren Schweine-hundes scheint schneller zu verlaufen als die des Menschen.

Hätte die Evolution noch ein anderes, intelligenteres Wesen hervorgebracht, wäre der Mensch dessen Haustier geworden.

Evolution braucht Ovulation.

Wie viel interessanter wäre die Evolution verlaufen, wenn es noch ein drittes Geschlecht gäbe.

Wir können schreien, bevor wir sprechen lernen; die Evolution wusste, was wirkungsvoller ist.

Die Evolution des Menschen: Von den Bananen zu den Banalitäten.

Welche Frage soll mit der Evolution beantwortet werden?

Die Evolution ist ein strenger Zensor.

Die einzige Bremse der Evolution ist das Aussterbenlassen.

Dass die Evolution den Menschen hervorgebracht hat, wäre bewunderns-wert, hätte er durch die Erfindung der Arbeit nicht alles wieder verpfuscht.

Die Evolution hat beim Menschen nicht die Nebenwirkungen einer Über-dosierung bedacht.

Die Evolution schreitet nur über die Gewinner voran.

Es wirft ein zweifelhaftes Licht auf die Evolution, dass gerade Tiere wie Haie und Krokodile so lange erfolgreich Karriere gemacht haben.

Die DNA ist der Ariadne-Faden durch das Labyrinth der Evolution.

Als die Geschöpfe erst einmal atmen konnten, verlief die Evolution in atemberaubendem Tempo.

Die Evolution ist ein Kriminalroman, in dem ganze Arten umkommen.

Hat die Evolution das Land erobert oder ist sie an Land geflüchtet?

Wer den Menschen für den endgültigen Höhepunkt der Evolution hält, hat beide nicht verstanden.

Ewigkeit

Tod: Eine ganze Ewigkeit in drei Buchstaben.

Experten

Wenn alle Experten einer Meinung sind, handelt es sich meistens um Trivialitäten.

Für den Experten sind die Details das Wesentliche.

Verständlichkeit ist die Höflichkeit der Experten.

Ein Experte weiß immer zu viel, um einen einfachen Rat geben zu können.

Die Experten sind die Kasten der modernen Gesellschaft.

Wer einen Fehler beseitigen kann, ist ein Fachmann, wer ihn erklären kann, ist ein Experte.

Experten neigen dazu, Erklärungen abzugeben, wo man Antworten erwartet.

Experten dünkeln gern.

Der Gegner des Experten ist nicht der
Laie, sondern der andere Experte.

Experten wissen zwar mehr, haben
dafür aber auch tiefere Vorurteile.

Experten gehen miteinander
nicht wie Freunde um, sondern wie
Familienmitglieder.

Experten-kehrsatz in der Medien-
gesellschaft: Jeder, dem man Geld für
seine Meinungsäußerung gibt, hält
sich für einen Experten.

Fachliche Leuchten können
menschliche Funzeln sein.

efinitionen

EDV-Anfänger: Bildschirmling

Egoismus: Die Leere vom Du

Ehrgeiz: Lieber ungeliebt als ungelobt

Eigenlob: Beliebte, wenn auch penetrante Duftnote

Elektronik: Der Teufel steckt in den Platinen

Emanzipation: Freiheit, Gleichheit, Schwesterlichkeit

Emmentaler-Bildung: Mehr Löcher als Substanz

Entbürokratisierung: Jagd auf Papiertiger

Entrüstung: Anlegen einer moralischen Rüstung

Enttäuschung: Gerechte Belohnung für unberechtigte Hoffnungen

Erbgut: Anmaßende Definition schlechter Veranlagungen

Erfahrungsaustausch: Gegenseitige Erläuterung der eigenen Vorurteile

Erfolg: Früh aufstehen, hart arbeiten und abends die richtigen Leute treffen

Erfolgloser Trainer: Träner

Erinnerung: Cerebrales Play-back

Erinnerung: Das Leben im Rückspiegel

Erkenntnis: Licht im Gehirn

Erziehung: Dressur des inneren Schweinehundes

Evolution: Vom Neandertaler zum Jammertaler

Evolution des Menschen: Die Kiefer wurden schwächer und die Ellbogen kräftiger

Evolution des Menschen zum Computer: Vom Nabel zum Kabel

Evolutions-Sprung: Von der aufrechten Gangart zur Gangschaltung

FFF**FF**F**F**FFF

Fakten

Je weicher die Fakten sind, desto
sinnloser werden bohrende Fragen.

Fakten können überzeugen,
Emotionen aber können überwältigen.

Familie

Manche Familien sind wahre
SchicksalsGEMEINschaften.

Wer in der Familie lange im
Gedächtnis bleiben will, vererbt alles
an Wohltätigkeitsorganisationen.

Spaß am Familientreffen haben nur
die Angeheirateten.

Familientreffen sind langweilig,
mit der Ausnahme von Testaments-
eröffnungen.

Verwandtschaft kommt in den besten
Familien vor.

Fanatismus

Vom Fanatismus zur Brutalität ist es
nur ein Tritt.

Fanatismus und Fatalismus ergeben
ein explosives Gemisch.

Fehler

Intelligenz schützt vor logischen
Fehlern, aber nicht vor Dummheiten.

Wer Fehler macht, wird zumindest
auffällig.

Wer blind ist für seine Fehler, stellt
sich auch taub für gute Ratschläge.

Der Mensch ist ein Mängelwesen
und fehlert sich so durchs Leben.

Bedeutend ist, wer die Gelegenheit
zu großen Fehlern hat.

Die Entdeckung eines Fehlers kann
ein wichtiger Fortschritt sein.

Wer Angst vor großen Fehlern hat,
hat auch nur Mut zu kleinen Erfolgen.

Feinde

Feinde sind treuer als Freunde.

Der Arme kennt seine Freunde gut,
der Reiche nur seine Feinde.

Freunde kann man vernachlässigen,
Feinde besser nicht.

Fenster

Wer weg vom Fenster ist, dem stehen
auch keine Türen mehr offen.

Fernsehen

Im Zeitalter des Fernsehens
müssen die Politiker mit dem Gesicht
gestikulieren.

Die einzige Realität, die das
Fernsehen wirklich real wiedergibt,
ist seine eigene.

Das Fernsehen versucht, das
permanente Angebot von Geschmack-
losigkeiten durch ständige Koch-
sendungen zu kompensieren.

Das Fernsehen hat die Erde wieder
zur Scheibe gemacht.

Das Fernsehen bringt uns Leute ins
Haus, die wir nie einladen würden.

Die Privatsender machen den
Fernseher zu einem vergrößerten
Schlüsselloch.

Der Fernseher kann zu einem
elektronischen Gartenzwerg werden.

Gottlob absorbiert das Fernsehen eine
Menge Leute, die in anderen Berufen
noch mehr Unheil anrichten würden.

Kochsendungen sind für das Fern-
sehen ein gefundenes Fressen.

Der Erfolg des Fernsehens beweist es:
Den Menschen macht es mehr Spaß,
dem Leben zuzuschauen, als etwas zu
unternehmen.

Aus dem Spießer alter Prägung ist
in der Fernsehgesellschaft der Glotzer
geworden.

Die Mediengesellschaft führt zur
Herrschaft der unterhaltenden Klasse.

Die Medien haben einen neuen,
einflussreichen Typus in der
Gesellschaft geschaffen:
den prominenten Proleten.

Das Fernsehen hat bestätigt:
Der Mensch ist auch geistig ein
Allesfresser.

Die Normalität bekommt
im Fernsehen die unattraktiven
Sendezeiten.

Ohne Unglücke wäre das Fernsehen
eine Katastrophe.

Wo das Fernsehen nicht die
Opfer zeigen kann, hält es sich an die
Blutspuren oder die Angehörigen.

Die Unterhaltungs-Industrie lebt von
der Flucht aus der Kultur in den Spaß.

Das private Fernsehen sollte verboten werden: Wir wissen ja gar nicht, wer uns im Universum abhört und vor wem wir uns blamieren.

Die Öffentliche Meinung entsteht heutzutage durch Verbildschirmung.

Das Abendprogramm des Fernsehens grenzt an Hausfriedensbruch.

Wann versammeln sich die Menschen vor den Fernsehanstalten und rufen: „Wir sind das Fernsehvolk!"?

Die Bildschirme werden immer flacher, die Programme passen sich an.

Flasche

Wenn einer eine Flasche ist, spielt es keine Rolle, ob er halb voll oder halb leer ist.

Die leeren Flaschen nehmen sich gerne für voll.

Fliegen

Für den Ängstlichen ist das Fliegen eine Gelegenheit, Gott näher zu kommen.

Auch der gelehrteste Ornithologe kann nicht fliegen.

Es gibt Fluggesellschaften, in deren Maschinen wird nicht nur geklatscht, wenn sie gelandet sind, sondern auch gebetet, wenn sie abheben.

Forscher

Formeln und Fluchen sind die internationale Sprache der experimentellen Forscher.

Forscher machen nur dann erkenntnisbringende Experimente, wenn sie nicht wissen, wie sie ausgehen.

Forschung

Erfolgreiche Forschung gibt der Zukunft eine andere Richtung.

Nur das Fragwürdige ist lohnend für die Forschung.

Grundlagenforschung will die Welt erkennen, Angewandte Forschung will sie verändern.

Fortschritt

Der Fortschritt verwöhnt den Körper, aber vernachlässigt die Seele.

Es ist naiv, in den Fortschritt nur
Hoffnung zu setzen.

Die Grünen wollen die bestimmende
Nachhut des Fortschritts sein.

Fortschritt macht die Arbeit leichter,
aber das Leben komplizierter.

Es gibt keine Nischen, in denen man
sich vor dem Fortschritt verstecken
kann.

Fortschritt erleichtert und verlängert
das Leben, mit Glück aber hat er
nichts zu tun.

Frau(en)

Frauen lassen sich nicht berechnen,
weil ihnen Annäherungen lieber sind.

Die Logik der Frauen hat den Vorteil,
phantasievoller zu sein.

Eine Frau mit Logik gilt gleich als
berechnend.

Wo Frauen die Hosen anhaben, tragen
die Männer meistens Schürzen.

Frauen von Managern sollten zu
Hause Stechuhren für ihre Männer
aufstellen.

Männer können von Affen
abstammen, aber Frauen doch nicht!

Bei Frauen können die Ausgaben
für Kosmetik die Dimension von
Betriebsausgaben erreichen.

Die Schwächen einer Frau können
ihre besondere Stärke sein.

Frauen lächeln häufiger als Männer,
aber sie verfolgen andere Ziele damit.

Frechheit

Die Frechheit ist immer die Frechheit
des Anderen.

Freiheit

Freiheit: Stellt leere Sockel auf mit der
Inschrift: „Denkmal, was du willst".

Fesselt die Freiheit, damit sie euch
nicht fortläuft.

Freiheit hat keinen Zweck, sondern
ist Sinn.

Die größte Freiheit schenkt uns
möglicherweise der Tod.

Am Rande der Freiheit drohen
Zügellosigkeit oder Rücksichts-
losigkeit.

Freiheit ist immer auch die Freiheit,
sich über die Andersdenkenden zu
ärgern.

Die Menschen lassen sich von der Sehnsucht nach Freiheit fesseln.

Zu den beliebtesten Formen der Freiheit zählt die Bewegungsfreiheit, gefolgt von der Steuerfreiheit, und irgendwann kommt die Gedankenfreiheit.

Freiheit setzt Herrschaft über sich selbst voraus.

Freiheit trägt nie Uniform.

Freiheit auf Erden herrscht erst, wenn die Schafe Hirtenhund und Schäfer selbst wählen können.

Freiheit und Geborgenheit schließen sich aus.

Freiheit ist nicht Sinn stiftend, sondern gibt Raum für Sinnsuche.

Der Wunsch nach Freiheit kann zu einer mächtigen Gewalt werden.

Wo die Freiheit Löcher hat, sickern Willkür und Intoleranz ein.

Freiheitskampf

Wenn die „Freiheitskämpfer" erst einmal gesiegt haben, bekämpfen sie sicherheitshalber auch noch die Freiheit.

Freud

Sigmund Freud war der Christof Columbus der Seele.

Freud hat entdeckt, dass auch die Seele eine Einnahmequelle sein kann.

Für Freud gibt es auch im Gehirn eine Gürtellinie.

Durch eine Überdosis Freud kann das Unterbewusstsein vergiftet werden.

Freude

Nach der Psychoanalyse müsste Freude als Antifrustration gelten.

Die reine Freude ist so selten wie die reine Wahrheit.

Freunde

Bei Freunden weißt du, was sie von dir erwarten; bei Feinden weißt du, was dich erwartet.

Freunde sind immer da, wenn sie uns brauchen.

Wer arm ist, braucht richtige Freunde, wer reich ist, hat genügend falsche.

Friedhof

Wer schon einen Platz auf dem
Friedhof hat, kann jede Nacht beruhigt
üben.

Friedhöfe sind die letzten Biotope
in den Großstädten.

Führung

Starke Führungskräfte suchen
Mitarbeiter, schwache bevorzugen
Untergebene.

Mit Scheuklappen ist einer leichter
zu führen.

Wer Kriecher um sich duldet, kann
leicht über sie stolpern.

Management heißt, Ziele zu erreichen;
Führung bedeutet, Ziele zu setzen.

Funktionäre

Je mehr Funktionäre, desto weniger
funktioniert es.

Ameisen- und Bienenstaaten sind
zwar auch sozialistisch, aber sie
haben sich in der Evolution dennoch
durchgesetzt, weil sie auf Funktionäre
verzichteten.

Funktionäre tun selbst niemals das,
was die Leute tun, deren Interessen sie
vertreten.

Definitionen

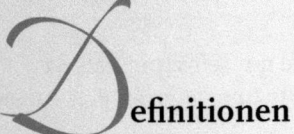

Familienplanung: Just-in-time-Kinder

Fanatismus:
In Gärung geratene Vorurteile

Fehlerfreundlich: Er war freundlich,
das war sein Fehler

Feierabend: Rin in die Pantoffeln,
raus aus die Pantoffeln

Fernsehen: Erlebnisprothesen

Fernsehen: Der Mensch ist auch geistig
ein Allesfresser

Fettleibigkeit: Folge von Ess-kalation

Filz: Innenausstattung vieler Behörden

Fliehkraft: Entwickeln Faulenzer vor
der Arbeit

Flirt heute: To bed or not to bed,
that is the question

Flugzeugzusammenstoß: Der Tod
schlägt zwei Flieger mit einer Klappe

Fortschritt: Irrtümer und Fehler
werden komplizierter und folgen-
schwerer

Fortschritt: Von der Sintflut in die
Printflut

Frankreich heute: Egalité, Fraternité,
Club Mediterranée

Fremdwörter: Verbale Asylanten

Freund französischer Rotweine:
Francoholic

Friedhof: Letzte Haltestelle vor dem
Jenseits

Frohnatur : Optimismus-
Fundamentalist

Fußnote: Störende Handreichung

Futurologie: Zukunftsarchäologie

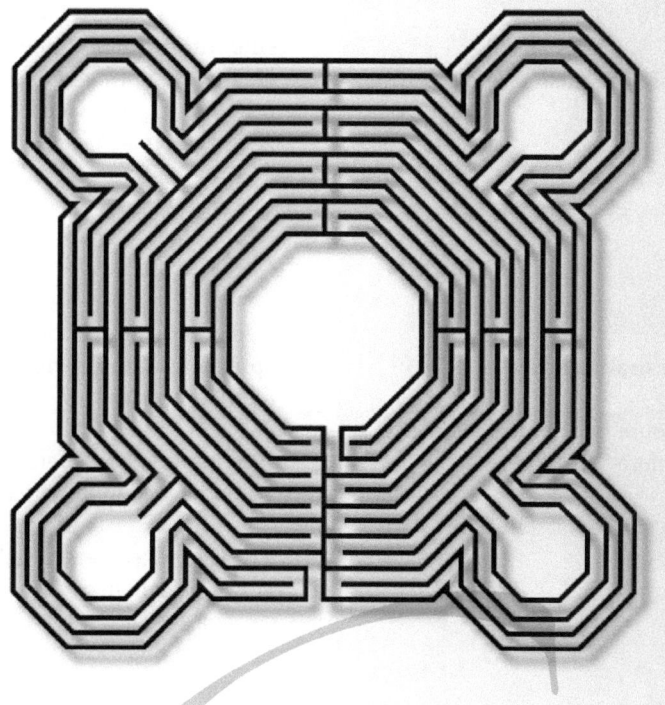

gGGGGGGg

Gartenzwerge

Reißt die Zäune nieder! Freiheit für die Gartenzwerge!

Gartenzwerge auf die Rote Liste!

Gebet

Ein Gebet strafft die Seele.

Entweiht eure hehren Gebete nicht durch niedere Wünsche.

Der moderne Christ adressiert sein Gebet an Gott.

Geburt

Die Geburt wirft uns in den Strom der Zeit, aus dem uns der Tod wieder rettet.

Was ist der Tod doch für ein triviales Ereignis im Vergleich zur Geburt.

Gedächtnis

Das beste Gedächtnistraining: Vielen Leuten Geld leihen.

Irgendwann beginnt jeder sich daran zu erinnern, dass er einmal ein besseres Gedächtnis gehabt hat.

Leute mit einem scharfen Verstand sind nur für den Augenblick gefährlich, auf lange Sicht sind Leute mit einem guten Gedächtnis viel gefährlicher.

Gedanken

Gedanken, die wir nicht auszusprechen wagen, gehen im Kopf in den Untergrund.

Welch ein Luxus, mehr Gedanken zu haben als man braucht.

Zur Gedankenfreiheit gehört auch, keine zu haben.

Der Kern eines Gedankens ist erst gelungen formuliert, wenn nichts mehr weggelassen werden kann.

Ein Gedanke, der wert ist, niedergeschrieben zu werden, ist auch wert, ihn in einen einzigen Satz zu fassen.

Jeder Gedanke ist nur ein Rätchen in der großen Ratlosigkeit.

Gedanken teilen wir einander mit, Gefühle können sprachlos kommunizieren.

Geduld

Ist die Geduld erst einmal verloren,
findet sie sich in der ursprünglichen
Form nie wieder.

Geduld zu üben ist nicht einfach,
weil man sie so leicht dabei verliert.

Geduld verlängert jeden Hebel.

Geduld ist Tapferkeit vor der Zeit,
Phlegma ist Resignation vor ihr.

Gefahr

Die größte Gefahr für jegliches Leben
ist das Leben selbst.

Wer aus den Fugen gerät, läuft Gefahr,
auch darüber zu stolpern.

Die wirkungsvollste Ablenkung
von großen Gefahren ist die Dramati-
sierung von kleinen.

Gefühl

Gefühle sind emotionale Vorgänge,
für die die richtigen Worte fehlen.

Was sprachlos macht, hat die
Gefühlsebene erreicht.

Die großen Gefühle stammen aus
dem Kleinhirn.

Kein Reichtum behebt Gefühlsarmut.

Gehirn

Warum sucht man die Schwarzen
Löcher im Universum, wo es doch so
viele im Gehirn gibt.

Das Gehirn ist eine evolutionäre
Neuerwerbung.

Das Gehirn bietet der Phantasie
seine ganze Kapazität.

Das Gehirn besteht aus lauter
kleinen grauen Zellen – und da sollen
einem keine trübsinnigen Gedanken
kommen?

Die stammesgeschichtlich ältesten
Teile unseres Gehirns sind die leben-
digsten.

Es müsste auch Silikon fürs Gehirn
geben.

Das Gehirn ist ohne Prinzipien und
gewährt jedem Gedanken Asyl.

Geist

Geist und Körper leben in einer
Zwangssymbiose.

Wo Geist ist, ist auch Zweifel.

Weingeist ist der einzige Geist,
mit dem sich Flaschen füllen lassen.

Gelassenheit

Das Glück der Jugend ist
Ausgelassenheit, das Glück des Alters
entsteht aus Gelassenheit.

Geld

Das einzige, was der Mensch ohne
Vorbild der Natur geschaffen hat, ist
Geld, und prompt wurde es zu einem
seiner größten Probleme.

Wo das Geld angebetet wird, geht der
Glaube zum Teufel.

Reiche verstehen etwas vom
Umgang mit Geld, vom Wert des
Geldes verstehen die Armen mehr.

Das Geld ist ein Strom, der ins Mehr
mündet.

Geld will herrschen, nicht regieren.

Mit Geld lässt sich leichter
Ungerechtigkeit verursachen als
Gerechtigkeit schaffen.

Geld ist ein Einfluss-Verstärker.

Geld ist nur im Kopf nützlich,
im Herzen ist es eine Krankheit.

Wenn Zeit kein Geld mehr ist,
beginnt das Leben.

Wer kein Geld hat, muss anderen
gehorchen. Wer viel Geld hat, gehorcht
dem Geld.

Geld stinkt nicht, aber es schmiert.

Geld ist der Versuch des Menschen,
nicht nur von der Gnade Gottes
abhängig sein zu müssen.

Geld ist immer ein plausibler Grund,
weil es auf der Hand liegt.

Geld ist wie Medizin: In zu
geringer Dosis ist es wirkungslos, in
der richtigen Menge hilfreich, und in
zu hohen Dosen wirkt es wie Gift.

Geld eröffnet einem ganz neue
Möglichkeiten, Pech zu haben.

Man mag das Geld verachten, aber
man kann ihm nicht entrinnen.

Der Faustkeil war für den Steinzeit-
menschen ein Allround-Werkzeug.
Diese Rolle hat in der Zivilisation das
Geld übernommen.

Keine Liebe ist kälter und
unerbittlicher als die zum Geld.

Alle Genüsse, die man für Geld haben
kann, unterliegen auch der Inflation.

Die Jagd nach dem Geld ist um so erfolgreicher, je größer die Zahl der Treiber ist.

Geld muss magnetisch sein: Es sammelt sich bevorzugt auf der nördlichen Halbkugel der Erde.

Geld macht falsche Freunde und echte Feinde.

Leute, die ihr Geld nicht mehr zählen können, erzählen am liebsten davon.

Geld wurde erfunden, um den Handel zu befruchten, aber es hat die Spekulation zum Blühen gebracht.

Jeder muss sich entscheiden, ob Geld für ihn Lebensunterhalt oder Lebensinhalt ist.

Der Weg nach oben führt nicht selten in eine Geldsackgasse.

Geld übt Macht aus – durch die vielen Nullen.

Geld kann zum gefährlichsten Suchtmittel werden.

Wer sein Geld wirklich liebt, der versteckt es zu Hause, denn auf der Bank muss es arbeiten.

Wird der Geldhahn zugedreht, krähen alle.

Gemeinheit

Zu großen Leistungen sind nur wenige fähig, zu großen Gemeinheiten jeder.

Gene

Die Gene bestimmen unser Leben. Sie lassen uns zwar Freiheiten, aber nur im Nebensächlichen.

Freiheit für die Gene! Befreit sie aus den Zellen.

Auch wenn wir schon hilflos in den Seilen unserer Gene hängen, kann das Schicksal noch unerbittlich zuschlagen.

Wie Marionetten hängen wir an den Fäden unserer Gene.

Gene verschlüsseln keine Geheimnisse, sondern offenbaren sie.

Generation

Jede Generation glaubt, sie sei die letzte mit Anstand – und alle hatten Recht.

Gerüchte

Naturwissenschaftlich ist immer noch ungeklärt, woher Gerüchte die Energie für ihre Ausbreitungsgeschwindigkeit nehmen.

In allen Organisationen ist die Gerüchteküche besser als die Kantine.

Die Gerüchteküche hat für jeden Geschmack etwas zu bieten.

In der Gerüchteküche kochen viele Köche, und jeder würzt zu.

Geschichte

Die Geschichte ist eine Schule, in der die Rüpel das Sagen hatten.

Die Geschichte lehrt: Die großen Vereinfacher haben alles nur noch komplizierter gemacht.

Es gibt in der Geschichte Gestalten, bei denen der Verdacht aufkommt, auch der Teufel versuche immer wieder, seinen Sohn zur Erde zu schicken.

Die Geschichte ist die Anamnese der Menschheit.

Geschichte ist durch das Recycling von alten Dummheiten in neue Formen so abwechslungsreich.

Was aus der Geschichte gelernt werden kann, ist zum Verzweifeln.

Das Wertvolle an der Geschichte sind ihre abschreckenden Beispiele.

Geschlecht(er)

Die Hypothese von der Gleichheit der Geschlechter ist etwas schwach auf der Brust.

Geschmack

Über Geschmack soll man nicht streiten, über Geruch lohnt es sich nicht.

Es ist unergiebig, über Geschmack zu streiten, aber es darf gelacht werden.

Gesellschaft

Die Bereicherung ist das beliebteste Gesellschaftsspiel.

Der Tod bleibt sich treu: Auch in der Massengesellschaft geht er individuell vor.

Die moderne Gesellschaft sucht das Gleichgewicht zwischen Arbeitszeitverkürzung und Freizeitstress.

In der Creme der Gesellschaft fühlen sich die Schaumschläger am wohlsten.

In unserer modernen Industriegesellschaft sind Werte wichtig, vor allem Cholesterin- und Leberwerte.

Die Überflussgesellschaft hat alles, sogar Sinndefizit.

In einer kranken Gesellschaft ist es am leichtesten, sich gesund zu stoßen.

Gesellschaftlich geht es aufwärts: vom Faustrecht zur Ellbogenfreiheit.

Je zerrissener eine Gesellschaft ist, desto mehr Chancen haben die Gerissenen.

Jede moderne Gesellschaft braucht Sündenböcke, weil diese die heiligen Kühe abgelöst haben.

Je freier eine Gesellschaft, desto wichtiger die Grenzen, die die Menschen sich selbst ziehen.

In unserer mobilen Gesellschaft gilt der Sesshafte bereits als Eremit.

Die Normen unserer Gesellschaft werden immer poröser.

In der kapitalistischen Gesellschaft ist es leichter, ein guter Mann zu sein als ein guter Mensch.

In der Erfolgsgesellschaft haben nur noch die Motoren Takt.

Unsere Gesellschaft seniorisiert.

Die Indianer glaubten auch an eine Multi-Kulti-Gesellschaft, als die ersten Weißen kamen.

Die Sklerose einer Gesellschaft äußert sich als erstes in Reformschwäche.

Gesetz

Für Juristen ist ein Gesetz ohne Lücke unvollständig.

Jeder Paragraph hat seinen Dehnungskoeffizienten.

Naturgesetze kennen keine Schlupflöcher; die Juristen sollten sich ein Beispiel am Schöpfer nehmen.

Gespräch

Gesprächsrunden sind Gelegenheiten, um anzuecken.

Gesundheit

Gehe in dich, aber komme gesund wieder!

Gesundheit ist das Schweigen des Körpers und die Ruhe der Seele.

Gesundheit ist, wenn man sich nicht um seine inneren Angelegenheiten kümmern muss.

Mit den Jahren nimmt die Gesundheit ab, aber dafür nimmt das gesunde Misstrauen zu.

Gesundheit ist die Krankheit ohne Symptome.

Das ständige Streben nach Gesundheit kann zur chronischen Krankheit werden.

Als gesund gilt heute nur, wer noch krank werden kann.

Vor eingebildeter Gesundheit schützt nur eine gründliche Untersuchung.

Pipapolon, die wirksame Pille für Hypochonder.

Nobody is perfect, aber jeder glaubt, er habe Körperteile, die exzellent seien.

Apotheken werden zunehmend zu Gesundheitsboutiquen.

Die Gesundheit ist ein trügerischer Zustand: Alle Krankheiten fangen bei ihr an.

Medizinisch ist die Gesundheit ein Ausnahmezustand.

Gewerkschaften

Auch die Gewerkschaften konzentrieren sich: Eines Tages wird es nur noch die IG Metall und die IG Nichtmetall geben.

Wenn die Gewerkschaften nicht weiter wissen, erklären sie sich erst einmal solidarisch.

Gewissen

Sein Gewissen war nur noch eine Trophäe von der Jagd nach Erfolg.

Das Gewissen muss ein moralischer Kampfhund sein.

Vorsicht bei Selbstgesprächen: Das Gewissen hört mit!

Die Verdorbenen will nicht einmal mehr das Gewissen beißen.

Ein schlechtes Gewissen braucht ein gutes Gebiss.

Der innere Schweinehund hat schon manches Gewissen totgebissen.

Im Licht der Evolution ist unser Gewissen entweder ein Luxus oder die erste Stufe zum wahren Homo sapiens.

In guten Menschen ist das Gewissen ein Raubtier.

Gewohnheit

Die Macht der Gewohnheit ist eine gnadenlose Diktatur.

Glaube

Bedarf wahrer Glaube noch einer Hoffnung?

Im festen Glauben hat der Zweifel keinen Platz.

Die Gläubigen sind felsenfest davon überzeugt, dass der Glaube Berge versetzt.

Wissen bringt Licht, Glaube schenkt Erleuchtung.

Eine Überdosis an Glauben hat teuflische Nebenwirkungen.

Auch der Glaube zu wissen ist nur ein Glaube.

Glaube versetzt Berge von Zweifeln.

Unter den modernen Christen wächst weniger der Glaube als das Interesse am Glauben.

Strenggläubige sind vor allem streng gegen Andersgläubige.

Der Gläubige sucht keine Gründe, sondern Gleichgesinnte.

Die Dreifaltigkeit sollte so reorganisiert werden, dass wir nur wieder einen Gott haben.

Wer an sich glaubt, darf nicht erwarten, dass andere auch an ihn glauben.

Der Glaube sitzt im Stammhirn und ist damit vor der Logik geschützt.

Für Bier gibt es ein Reinheitsgebot; wer dagegen Weihwasser panschen würde, bliebe ungestraft.

Gleichgültigkeit

Gleichgültigkeit ist Mehltau auf der Seele.

Globalisierung

Wenn die Menschen so sorglos weitermachen, wird aus dem globalen Dorf ein globaler Misthaufen.

Wir können uns vor der Globalisierung nicht in Nischen verkriechen.

Die Globalisierung hat zur Folge, dass es auch in der Politik mit der Heimwerkerei vorbei ist.

Die Globalisierung sollte dazu genutzt werden, dass deutsche Gartenzwerge vor jedem Iglu und jeder Hütte stehen.

Die Globalisierung könnte einen Menschentypen hervorbringen, der überall zu Hause ist und nirgendwo daheim.

Die wahre Globalisierung ist erst erreicht, wenn sich die Völker die fähigen Minister von anderen abkaufen können, so wie es beim Fußball schon längst üblich ist.

Im Rahmen der Globalisierung sollten alle Völker gegenseitig die Feiertage übernehmen, nur dann gäbe es Arbeit für alle.

Die Seuchen waren die mikrobiellen Vorboten der Globalisierung.

Wir sollten über die Globalisierung hinaus denken und beginnen, in der Milchstraße nach Ressourcen oder neuen Märkten zu suchen.

Am Ende der Globalisierung wird es zwei Sorten von Produkten geben: „Made by robots" und „Made by poors".

Glück

Zum Glück ist das Glück weder ein Privileg des Reichtums noch der Macht.

Manche suchen ein Leben lang ihr Glück und finden es womöglich erst unter ihrem Grabstein.

Glücklich ist bereits, wer noch an das Glück glaubt.

Glück ist ungerecht, sonst ist es keines.

Geld ersetzt kein Glück, aber man kann bequemer darauf warten.

Die meisten Glückspilze werden mit der Zeit giftig.

Das strahlende Glück hat eine kurze Halbwertzeit.

Bei der Jagd nach dem Glück passieren die meisten Jagdunfälle.

Das Glücksrad ist das fünfte Rad am Schicksalswagen.

Glück kann zuschlagen wie Schicksal.

Wenn einer verbissen hinter dem Glück herrennt, flieht es ängstlich vor ihm.

Freude ist Aufruhr, Glück ist Stille im Herzen.

Braucht einer viel für sein Glück, so reicht ihm wenig für seine Unzufriedenheit.

Glück ist ein Übergangszustand,
Zufriedenheit ein Gleichgewichts-
zustand.

Wer dem Glück nachrennt, erwischt
höchstens das schnelle Glück.

Das Glück des Augenblicks hat
zugleich sein Verfallsdatum erreicht.

Gordischer Knoten

Der Mensch ist ein Gordischer
Knoten, den der Tod durchschlägt.

Gott

An manchen archäologischen
Stätten hat man das Gefühl, dass die
Menschen zwar fort, ihre Götter aber
noch da sind.

Gott hat Eva aus Adam geklont.

Was denkt Gott über Menschen, die
glauben, er wolle angebetet werden?

Wer den Tod fürchtet, hat seinen Gott
verloren.

Gott zeigt seine größte Gnade in der
Wahl der Todesstunde.

Auch die meisten Götter sind im Laufe
der Geschichte ausgestorben.

Wenn Gott nicht bald eine Homepage
im Internet hat, erreicht er die jungen
Leute überhaupt nicht mehr.

Wenn Gott Theologiebücher läse,
würde er womöglich Atheist.

Warum hat Gott die zehn Gebote
Adam und Eva nicht gleich mit auf
den Weg gegeben?

Danke Gott mit Taten, Worte braucht
er nicht.

Gott hat uns zwar aus Lehm
geschaffen, aber vergessen, uns zu
brennen; das rächt sich.

Gott muss sehr verzweifelt gewesen
sein, als er den Menschen schuf.

Die Härte Gottes besteht darin,
dass er uns im Zweifel lässt.

Gott neigt zur Theorie, der Teufel
mehr zur Praxis.

Warum brach Gott am siebten Tag
sein Experiment ab?

An welcher der vielen Religionen hat
Gott wohl die größte Freude?

Gott liebt die Einfältigen, denn die
Vielfältigen erwarten zu viel von ihm.

Gott ist allgegenwärtig, deshalb ist die
Suche nach ihm sinnlos.

Romanische Bauten sind zu Stein geformtes Gottvertrauen.

Alle Lebewesen werden geboren, um zu sterben. Wem kann so etwas bloß einfallen? Doch höchstens einem Gott.

Wenn Gott alle Gebete erhören würde, müsste er ebenso vielen Schaden zufügen wie helfen – aber tut er das nicht auch?

Der Monotheismus war eine Innovazion des hebräischen Volkes.

Am siebten Tage schuf Gott den Tod.

Nicht in allen Unerklärlichkeiten steckt Gott.

Auch wenn der Mensch Gottes Ebenbild ist, sollte er sich nicht auch so verhalten und jedem Elend tatenlos zuschauen.

Die Jesuiten fühlen sich als die Elite-Truppe Gottes oder als Marias Marines.

Der Hungernde erkennt Gott in einem Brot.

Vielleicht ist die Erde Gottes Entwicklungslabor.

Die 10 Gebote wären nie zustande gekommen, wenn Gott eine Kommission damit beauftragt hätte.

Gott hat Geduld, aber der Teufel hat Ausdauer.

Graffiti

Die Graffitikunst in den U-Bahnen ist die moderne Höhlenmalerei.

Großstadt

Oasen, wie Kneipen, sind die Naherholungsgebiete für die organisierten Großstadtmenschen.

Grube

Wer anderen eine Grube gräbt, dem fällt nichts Besseres ein.

Grübeln

Grübeln ist giftiges Kaugummi fürs Gehirn.

Grundsätze

Verletze keine Grundsätze, sie heilen nicht.

Grundsätze muss man nicht lieben,
es genügt, ihnen treu zu bleiben.

Gürtellinie

Die Gürtellinie ist ein moralischer
Äquator.

Draufgänger können keine Gürtellinie
sehen, ohne darunter zu schlagen.

Gutachten

Bei Gutzahlung bekommt man jedes
Gutachten.

Mit der Zahl der Gutachten wächst
die Beliebigkeit.

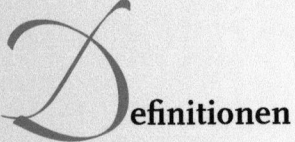efinitionen

Gedicht: Ikebana mit Worten

Geheimdienste: Unterwandervereine

Gehirn: Graue Eminenz unseres Wesens

Gehirntod: Absturz der cerebralen Festplatte

Gehirntod: Das Bewusstsein ist abgestürzt

Geld: Liebe deinen nächsten Ersten

Gericht: Striptease-Etablissement für die Wahrheit

Geschäftliche Beziehungen: Gemeinsame Interessen jenseits von Sympathie

Geschichte: Sündenregister der Menschheit

Gesellschaftskritiker: Zeitgeistlicher

Gewinnwarnung: Verlustgewinn-Erwartung

Globalisierung: Die Reichen aller Länder verbünden sich

Globalisierungsphänomen: Menschen kommen und Arbeitsplätze wandern aus

GmbH: Gesellschaft mit beschränktem Horizont

GmbH: Gesellschaft mit beschränkter Hilfsbereitschaft

GmbH: Gesellschaft mit beschränkter Hoffnung

Große Philosophen der Unordnung: Chaotse und Konfusius

Grüne: Fahnenflüchtige des Fortschritts

Grüner Tisch: Für die Betroffenen ein rotes Tuch

HHHHHHHHH

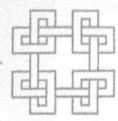

Haare

Die Evolution hat dort Haare stehen lassen, wo wir uns schämen sollten – auf dem Kopf wachsen sie am dichtesten.

Das Haar in der Suppe taugt zumindest als Gesprächsstoff.

Die Haare in der Suppe werden auch noch gerne gespalten.

Habgier

Habgier versucht, sich durch Luxus schäbigen Glanz zu verleihen.

Habgier härtet Herzen.

Hammer

Heute muss einer schon einen Hammer haben, wenn er auch noch eine Sichel sucht.

Tschernobyl wurde noch mit Hammer und Sichel gebaut.

Hand

Eine Hand watscht die andere.

Handtuch

Man soll das Handtuch erst werfen, wenn es völlig durchgeschwitzt ist.

Handwerker

Der Tod ist wie ein Handwerker: Irgendwann kommt er, aber bestimmt zur falschen Zeit.

Hass

Liebe macht blind, Hass macht taub.

Hass vergiftet die Seele, verhärtet das Herz und vernebelt den Verstand.

Hass kostet zu viel Kraft, Verachtung muss reichen.

Heilige Kühe

Am tiefsten werden die heiligen Kühe von den Ochsen verehrt.

Held(en)

Früher vollbrachten die Helden etwas Großes, um besungen zu werden, heute wird versucht, durch Singen zum Helden zu werden.

Wer als Held stirbt, soll seine
Orden mit ins Grab bekommen –
für die Auferstehung.

Helfen

Wer zu spät hilft, wird zum Übel
hinzugerechnet.

Wer helfen kann, tut sich selbst auch
etwas Gutes.

Es ist einfacher, für die Toten zu beten,
als den Bedürftigen zu helfen.

Heraklit

Alles fließt – aber warum vieles
so zäh?

Alte Weisheiten sind nur noch von
begrenztem Nutzen: Jeder Stau lässt
an Heraklit zweifeln.

Herz

Neid und Hass machen das Herz
wurmstichig.

Das Herz ist das Wartezimmer der
Hoffnungen.

Cholesterin ist ein großer
Herzensbrecher.

Hexen

Die Hexenjagd kannte keine
Schonzeiten.

Hierarchie

Innerhalb einer Hierarchieebene
ist der Neid größer als zwischen den
Ebenen.

In Hierarchien ist der Vorgesetzte
wichtiger als der Kunde.

Himmel

Wenn es im Himmel Handys geben
sollte, wäre die Ruhe zum Teufel.

Zum Himmel führen viele
Stufen hoch, zur Hölle geht es auf
Rolltreppen abwärts.

Die Kirche verspricht einen Platz
im Himmel, kassiert aber schon auf
Erden.

Hirn

Das Stammhirn bildet das Wurzelwerk
unseres evolutionären Stammbaumes.

Der Evolution ist es nicht gelungen,
dem Großhirn das Kommando über
das Stammhirn zu übertragen.

Ein kleines Hirn kann durchaus ein
großes Mundwerk betreiben.

Er fand keine Worte, sie versteckten
sich in den Hirnwindungen.

Das Hirn ist die graue Eminenz
des Körpers.

Die Evolution hat das funktionale
Hirn hervorgebracht, um die Umwelt
zu erkennen, und das Bewusstsein,
um sich selbst etwas vorzumachen.

In einer harten Schale steckt oft ein
weiches Hirn.

Höflichkeit

Höflichkeiten sind das Kleingeld
unter den Wohltaten.

Klarheit ist die Höflichkeit
des Intellekts.

In der Natur gibt es keine Höflichkeit,
sie ist kultureller Luxus.

Hölle

In der Hölle wird Gott an die
Wand gemalt.

Die Astronomie hat die Hölle
gefunden: es sind die Schwarzen
Löcher. Nun wird es Zeit, den paradie-
sischen Himmel auszumachen.

Ökologisch ist die Hölle eine
Umweltverschmutzung, es sei denn,
dort wird die Kernenergie genutzt.

Durch die Erfindung der Hölle sollte
der Himmel noch attraktiver gemacht
werden.

Hoffnung

Früher hatten die Menschen
Hoffnungen, heute haben sie
Perspektiven.

Hoffnung ist ein verführerischer
Ratgeber, Verzweiflung ein
gefährlicher.

Am Sarg unserer Hoffnungen
trauern wir allein.

In jeder Hoffnung steckt ein Körnchen
Verzweiflung.

Solange der Mensch fragt, ist noch
Hoffnung in ihm.

Hoffnung macht stark, Verzweiflung
macht entschlossen.

Der Strohhalm ist die kleinste
Einheit der Hoffnung.

Hoffnung ist ein Hochgefühl ohne
Garantie auf glückliche Landung.

Wenn eine Hoffnung zu
Grabe getragen wird, ist die Zahl der
Trauernden immer kleiner als die der
Schadenfrohen.

Am üppigsten blüht die Hoffnung
zwischen Enttäuschungen.

In übertriebenen Hoffnungen stecken
bereits die Larven der Enttäuschung.

Hollywood

Hollywood zahlt für den Charme,
nicht für den Charakter.

Holz

Er war aus jenem Holz, aus dem
man Pfeifenköpfe schnitzt.

Es gibt Holzköpfe, die Stahlträger
vor dem Kopf haben.

Früher waren die Holzköpfe
massiv, heute findet man mehr und
mehr geleimte.

Ein Holzkopf fürchtet bohrende
Fragen.

Holzwege

Am leichtesten zu finden sind die
Wegweiser zu den Holzwegen.

Wer auf einen Holzweg geraten ist,
sollte nicht auch noch mit dem Feuer
spielen.

Holzwege sehen immer einladend aus.

Horizont

Der Horizont eines Menschen endet
mit seinem Wissen, sein Einfluss kann
darüber hinausgehen.

Den Horizont zu erweitern ist leichter
als den Standpunkt zu vertiefen.

Was nützt ein weiter Horizont,
wenn er verschwommen ist.

Humor

Humor ist der Airbag fürs Leben.

Humor ist die Zugabe der Evolution
für die Tragik der Erkenntnis.

Wahrer Humor zeigt sich erst,
wenn's ernst wird.

Haltet das Pulver trocken – und den
Humor!

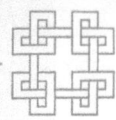

Nur der Mensch hat Humor,
das scheint das Göttliche in ihm
zu sein.

Hypochonder

Hypochonder gehen regelmäßig
zum Arzt, um ja keine Krankheit zu
versäumen.

Der Tod nimmt auch Hypochonder
ernst.

Nur ein toter Hypochonder ist ein
guter Hypochonder.

Hypothesen

Hypothesen sind Wassertriebe am
Baum der Erkenntnis.

Viele Theorien haben als Hypothesen
klein angefangen.

Hypothesen wuchern um die
Theoriegebäude.

Je ärmlicher das Wissen, desto
üppiger die Hypothesen.

Wer sie aufgestellt hat, verlässt seine
sinkende Hypothese zuletzt.

Aus manch bunten Hypothesen wurde
graue Theorie.

Definitionen

Habgier: Materielle Aggressivität

Heimzahlen: Zurückmünzen

Heimzahlung: Beliebte Art,
Rechnungen zu begleichen

Herzinfarkt: Coronares Verwundeten-
abzeichen der Leistungsgesellschaft

Hierarchien: Bürokratisches
Kastenwesen

Hölle: Satanatorium

Holzkopf: Redet bevorzugt Blech

Homo oeconomicus: Konsum-Affe,
der reflektorisch kauft

Hormone: Nebenregierung der Drüsen

Hunde bellen: Eine Karawane scheint
weiterzuziehen

Hypothesen: Pränatale Theorien

Ideale

Ideale sind Wegweiser zur Selbsterziehung, Idole führen zum Selbstbetrug.

Der Idealist hat eine bessere Vorstellung von der Welt als von sich.

Idee

Auf dem Markt der Ideen tauchen immer wieder Antiquitäten auf.

Eine Idee muss den Kopf überzeugen, das Herz gewinnen und den Willen erobern.

Durch den Tod verwandelt der Mensch sich wieder in eine Idee.

Ohne Geld sind Ideen so lästig wie Fliegen.

Ideen, die von Diktatoren missbraucht wurden, sind für alle Zeiten beschmutzt.

Ideen sind nicht mit Wünschelruten zu finden.

Je größer das Gremium ist, desto gründlicher wird eine Idee zerrieben.

Die besten Ideen tauchen aus dem Nichts auf. Wenn man nur eine Idee hätte, wo das Nichts in uns steckt.

Ideologie

Ideologien wollen die Welt verändern, Religionen den Menschen.

Ideologien sind politische Pheromone.

Es gibt ätzende Ideologien; wer mit ihnen in Berührung kommt, behält Narben zurück.

Alle Ideologien legen das Gewissen an die Kette.

Illustrierte

Die Illustrierten leben vom Interesse der Blauäugigen an den Blaublütigen.

Image

Das Gegenteil von Vorbild ist Image.

Sein Image war ihm ein paar Nummern zu groß.

Image ist ein virtuelles Persönlichkeitsbild.

Erfolg demaskiert die Menschen so gnadenlos, dass sie unbedingt ein Image brauchen.

Image ist der Versuch, die fremden Meinungen über sich selbst zu manipulieren.

Individualität

Wer sich um Individualität bemüht, gleicht all jenen, die sich auch um Individualität bemühen.

Individualisten aller Länder, vereinzelt Euch!

Inflation

Inflation ist die Umwandlung von Geldnot in Notgeld.

Bei Inflationen steht der Zinsfuß auf dem Gaspedal.

Die Inflation bringt die Währung in Gärung.

Information

Den ersten Missbrauch einer Insiderinformation hat die Schlange im Paradies betrieben.

Früher wurden Bücher verbrannt, heute müssten Informationen gelöscht werden.

Die besten Informationsquellen sind meistens trübe.

Die Informationsflut verwässert die Informationen.

Informations-Diät: Lesen Sie nichts Fettgedrucktes mehr.

Die Informationsquellen inflationieren.

Innovation

Globalisierung setzt unter Innovationszwang.

Der Bremsweg einer alten Technologie ist länger als die Beschleunigungsstrecke einer Innovation.

Die Zukunft bietet den Unternehmen nur zwei Optionen: Innovation oder Liquidation.

Mangel an Geduld hat mehr Innovationen abgewürgt als Mangel an Geld.

Jede Innovation ist ein Wellenbrecher im Strom der Gewohnheiten.

Inquisition

Die Inquisitoren waren mit Feuer und Flamme bei der Sache.

Instinkt

Instinkt schränkt die
Entscheidungsfreiheit ein.

Nur der Mensch kann seine Instinkte
selbst domptieren.

Klugheit wurzelt im Verstand,
Bauernschläue im Instinkt.

Intellektuell

Umstritten zu sein,
ist ein intellektueller Luxus.

Ein Produkt der Medien:
Talk-Show-Intellektuelle.

Ghost-writer sind intellektuelle
Stuntmen.

Intelligenz

Intelligenz schützt vor logischen
Fehlern, aber nicht vor Dummheiten.

Die grundsätzlich begrenzte
Intelligenz des Menschen wird durch
die Fähigkeit zum Glauben mehr als
überkompensiert.

Es ist für die Menschheit besonders
tragisch, dass Zeugen und Töten
mit jedem Intelligenzquotienten
möglich ist.

Intensivstation

In der Intensivstation dreht der Tod
Warteschleifen.

Interessen

Wo Interessen im Spiel sind, hat die
Wahrheit schlechte Karten.

Interessen haben immer eine weiche
Schale und einen harten Kern.

Wenn Interessen ins Spiel kommen,
übernimmt das Stammhirn das
Kommando.

Interessenspolitik:
Gibt es eine andere?

Intuition

Intuition ist die Begabung, die
entsprechenden Vorurteile koordiniert
zu mobilisieren.

Wo die männliche Vorstellungskraft
endet, beginnt die weibliche Intuition.

Intuition zeigt sich, wenn auf
falsche Fragen die richtigen Antworten
gefunden werden.

Intuition ist ein Gefühl aus dem
Bauch, das es bis in den Kopf schafft.

Irrtum

Wenn alles bekannt ist, wird nur noch
die Entdeckung von Irrtümern übrig
bleiben.

Gebt nicht auf! Es gibt immer
Chancen für den Irrtum.

Irrtum, der verschleiert wird, ist
auf dem Weg zur Fälschung.

Jeder Irrtum lebt davon, dass er für
ausgeschlossen gehalten wird.

Der Irrtum ist das Fehlurteil eines
Denkprozesses.

Der Irrtum wird erst gefährlich,
wenn er verteidigt wird.

Wo ein Irrtum ist, da ist auch
ein Mensch.

Ein plausibler Irrtum überzeugt mehr
als eine komplizierte Wahrheit.

Das Recht auf Irrtum steht jedem zu,
sollte aber nicht missbraucht werden.

Irrtümer wohnen im Kopf,
Lügen hausen im Herzen.

Definitionen

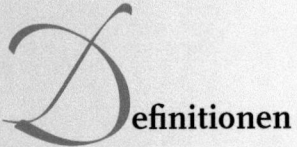

Idealisten: Wolkenkuckucksheimer

Ideologien: Intellektuelle Gatter
für Schafherden

Imker: Bienen-Zuhälter

Immobilien: Sesshaftes, arbeitsscheues
Kapital

Imperativ (modern): Handle so, als
seiest du auf Sendung.

Inflation: Das Geld hat Krebs
und wuchert

Inflation: Kapitalsünde

Inflation: Statt frischer Ware täglich
frische Preise

Inflation: Zinsfuß in Laufschuhen

Innere Einkehr: Vorstoß ins
Niemandsland

Inquisition: In dubio pro diabolo!

Intelligenz-Spektrum: Von Infradumm
bis Ultraklug

Irrtümer: Sterben nicht von alleine,
müssen niedergeschlagen werden

Irrtum: Fehlurteil eines Denkprozesses

IT-Branche: Zukunft.com!

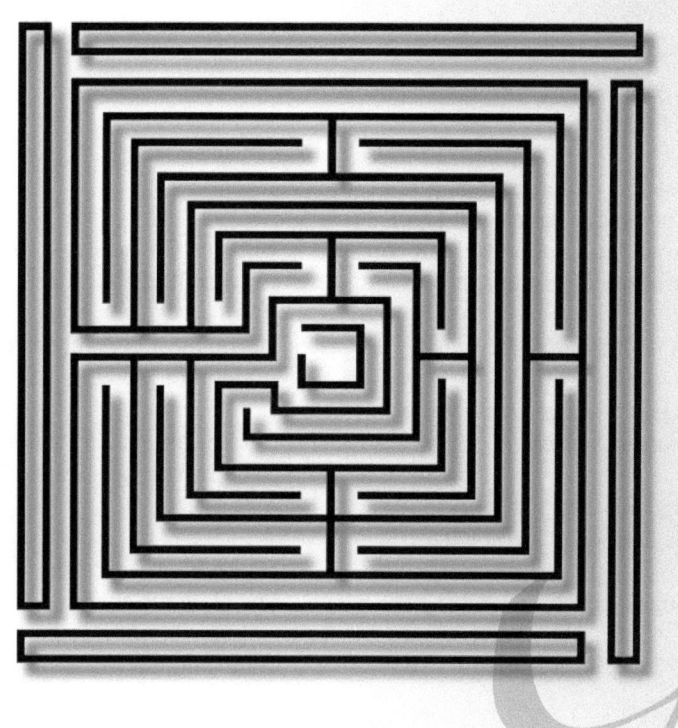

J J J **J** J J J

Jagd

Bei der Jagd nach Erkenntnissen gibt es keine Hochsitze.

In verkrusteten Unternehmen gibt es das Phänomen der paradoxen Jagd: Die fündigen Suchhunde werden von den Angsthasen abgeschossen.

Sammeln ist Jagd ohne Waffen.

Nach der Jagd wird gerne über das Ziel hinausgeschossen.

An der Jagd auf den Sündenbock beteiligen sich sogar Tierschützer.

Die Jagd nach Erholung ist der pure Stress.

Jahrhundert

Nach den Katastrophen im letzten Jahrhundert sollten wir die Zuversicht haben, dass die Büchse der Pandora nunmehr leer ist.

Japan

Japan importiert Ideen, um sie zu verbessern.

Die Japaner kopieren innovativ.

Japan leidet unter der Oldygarchie.

Vermutlich nehmen die Japaner ihre Kamera mit in den Sarg.

Job

Wer sich im Job im Kreis dreht, entwickelt Fliehkraft.

Mache die Tätigkeit, der du nachgehst, zu deinem Jobby.

Der Traumjob: Zu Risiken und Nebenwirkungen fragen Sie Ihren Arbeitgeber.

My home is my castle.
My job is my chaos.

Traue keinem Job, bei dem es wenig zu tun gibt.

Wer sich nur mit einem beliebigen Job zufrieden gibt, ist „Jemand ohne Berufung".

Jüngstes Gericht

Nach der Relativitätstheorie ist dem Jüngsten Tag nur mit Lichtgeschwindigkeit zu entkommen.

Ein ultimativer Wunschtraum: Das Jüngste Gericht verschlafen!

Jugend

Immer mehr Jugendliche brauchen ein Auto, um flügge zu werden.

In der Jugend fehlt jedem die Erfahrung, und dennoch muss er die wichtigsten Entscheidungen fürs Leben fällen.

Junge Menschen suchen Gleichgesinnte, alte schauen sich nach Leidensgenossen um.

Jung zu sein, ist ein besonders gutes Gefühl, wenn man nicht mehr ganz jung ist.

Der jungen Generation kann heute schon vorhergesagt werden, dass ihr Alter ein Abenteuer sein wird.

Jugendstil

Der Jugendstil ist der vollendete Ausdruck der Sehnsucht nach Gefühlen, die man vergeblich suchte.

Jura

Juristen schaffen Gesetze für Juristen und nicht für Bürger.

Vor dem Gesetz sind alle Menschen gleich, aber dahinter lauern die Juristen.

Die Versicherungen haben große juristische Abteilungen, die für das Kleingedruckte zuständig sind.

Gesetze ohne Löcher sind Käse für die Juristen.

Gummiparagraphen laden zum Rechtsbruch ein.

Juristen aller Länder, vergleicht Euch!

Justitia ist blind und die Juristen spielen ihre Blindenhunde.

Für Juristen müsste die Hölle ein Paradies sein.

Die Innovation der Juristen besteht in der Entdeckung von Schlupflöchern.

Der Jurist denkt nicht, sondern führt Denkprozesse.

Justitia sollte besser die Augen offen halten und ihre Ohren verschließen.

Juristische Rheologie: Solange ein Prozess läuft, fließt Geld.

Aus juristischer Sicht ist die Erbsünde aber schon so was von verjährt!

Definitionen

Jet Set: Wohlstands-Vagabunden

Job-Angebot: Arbeiten Sie für uns,
wir holen das Beste aus Ihnen heraus.

Joint venture: Intimste Form des
Wettbewerbs

Joint venture: Von der Fusion in die
Konfusion

Journalisten: Fachsprachen-Übersetzer

Jubiläums-Redner: Dank-Wart

Judo: Hinreissender Sport

Jugend: Diktatur der Hormone

Jugend: Ist nie, was sie früher auch
nicht gewesen ist.

KKKKKKKK

Kapitalismus

Das Schönheitsideal des Kapitalisten ist ein dickes, pralles Konto.

Kapitalismus kann ein Kampf ums Geld bis zur Gesinnungslosigkeit werden.

Der kapitalistische Teufel ist hinter der Konsumentenseele her.

Wenn der Kapitalismus das Endziel der Evolution wäre, ginge jedes Vertrauen in Gott und die Natur verloren.

Wäre der Kapitalismus ein Medikament, hätte er einen interessanten Beipackzettel.

Karre

Lieber das fünfte Rad am Wagen sein, als die Karre aus dem Dreck ziehen zu müssen.

Karriere

Karrieren können auch Flucht aus der Arbeit sein.

Wann kommt die Dopingkontrolle bei der Karriere-Laufbahn?

Karrieren nach Fahrplan können auf dem Abstellgleis enden.

Katastrophe

Mit großen Katastrophen und Kriegen rationalisiert der Tod seine Arbeit.

Ein defekter Fernseher – das ist eine reale Katastrophe.

Kaufen

Wer kauft, um andere zu beeindrucken, lässt sich auch davon beeindrucken, was andere kaufen.

Wer zu wenig kauft, den beißt das Konsum-Gewissen.

Das moderne Leben: Streben nach Geld, aber Sehnsucht nach dem haben, was man nicht kaufen kann.

Kernkraft

Die Kernkraftgegner wollen die Gesellschaft verkohlen.

Die Sonne ist eine so riesige Kern-Fusions-Anlage, dass sie für die Erde eigentlich eine Zumutung ist.

Kinder

Kinder werden erwachsen, wenn sie auf eigene Faust zur Verschuldung der Familie beitragen.

In modernen Familien sind die Hunde meist besser erzogen als die Kinder.

Der Klapperstorch ist der gynäkologische Weihnachtsmann.

Kirche

Die Kirche müsste gegen die Geschwindigkeitsbegrenzung sein, denn je schneller einer fährt, desto näher ist er bei Gott.

Kirchenskandal: Das Weihwasser wurde gepanscht.

Die Kirche war leer – meine Seele konnte sie nicht füllen.

Die Kirche muss Dienstleistung für die Seele anbieten, sonst holt sie der Teufel.

Die Kirche sollte nicht nur ihre Helden heilig sprechen, sondern auch den Mut haben, ihre Henker zu verdammen.

Kirchenkunst: Die Kirchenfürsten haben sehr früh erkannt, dass es leichter und ruhmvoller ist, die Welt schöner zu machen als besser.

Die Kernkompetenz der Kirche ist das Gebet, nicht dessen Erhörung.

Klappe

Er versuchte immer, zwei Fliegen mit seiner großen Klappe zu schlagen.

Klatschen

Klatschen ist die liebste Beschäftigung vieler Menschen – ob mit den Händen oder mit der Zunge.

Klima

Das Klima ist längst globalisiert und bringt ständig ausländische Luft ins Land.

Das politische Klima scheint sich zu ändern: Es hängen viele Mäntel im Wind.

Die Unverfrorenen bestimmen das soziale Klima.

Klugheit

Erfahrung heißt, seine Grenzen zu kennen; Klugheit heißt, seine Grenzen zu akzeptieren.

Der Klügere denkt nach.

Kneipe

Solange es Kneipen gibt,
gehen Männer nicht zum Psychiater.

Kochen

Der eigentliche Wert vieler
Kochbücher ist ihr Heizwert für eine
warme Mahlzeit.

Die vielen Kochrezepte in den Illust-
rierten sollen die übrigen Geschmack-
losigkeiten kompensieren.

Körper

Unser Körper ist das Biotop
für unsere Seele.

Es gibt Dinge zwischen Körper und
Seele, von denen sich nur träumen
lässt.

Ein schöner Körper kann eine Mogel-
packung für eine schnöde Seele sein.

Der Körper lebt im Raum, die Seele
in der Zeit.

Die Körperfunktionen lassen sich
selbst durch den größten Luxus nicht
beeindrucken.

Unser Körper ist ein kostenloses
Luxushotel für Bakterien und Viren.

Kolateralschaden

Der Tod ist der unvermeidliche
Kolateralschaden beim Übergang
ins Jenseits.

Kommunismus

Kommunistische Staaten behandelten
ihre Bürger wie politische Leibeigene.

Der Kommunismus hatte den Reich-
tum der besitzenden Klasse durch
Privilegien der herrschenden Funktio-
näre ersetzt.

Im Kommunismus war der Arbeiter
das Rückgrat der Gesellschaft, und
zwar dessen unterer Teil.

Auch der Leninismus hatte sich
weiterentwickelt: Vertrauen ist gut,
Kontrolle ist besser, Bespitzelung ist
am besten.

Der Beifall für den Kommunismus ist
an den geballten Fäusten gescheitert.

Der Kommunismus war ein Paradies für Funktionäre.

Der Kommunismus ging zugrunde, weil sich mit Hammer und Sichel keine Computer bauen ließen.

Kompromiss

Die meisten Kompromisse haben eine harte Schale und einen faulen Kern.

Faule Kompromisse neigen dazu, weiterzufaulen.

Die Natur ist kompromisslos.

Konjunktur

Auf dem Konjunkturhoch glaubt jeder, weiter in die Zukunft sehen zu können.

Konjunktur ist der Anlauf für den Absprung in die nächste Krise.

Die modernen Sagen: Konjunkturvorher s a g e n.

Antizyklische Volkswirtschaft nach dem Rat von Maynard Keynes: Flucht aus dem konjunkturellen Jammertal auf die Schuldenberge.

Im Tal der Konjunktur sind die Aussichten immer schlecht.

Konsum

Die bevorzugte Literatur der Konsumgesellschaft sind die Gebrauchsanweisungen.

Die Lehre von der Konsumgesellschaft: Vielosophie.

Die Konsumgesellschaft hat einen neuen Typus hervorgebracht: Kaufbolde.

Von der reinen Konsumgesellschaft ist es nicht weit bis zur Konkursgesellschaft.

In der Konsumgesellschaft gilt: Cash as cash can.

Wer alles hat, was er braucht, ist für die Konsumgesellschaft nicht zu gebrauchen.

Konto

Je fetter das Konto, desto schlanker die Geliebte.

Das eigentliche Bankgeheimnis ist nicht das Geld, sondern dessen Herkunft.

Was den Tod am wenigsten kümmert, ist das Konto.

Kosmetik

Kosmetik soll die Spuren der Zeit
verschmieren.

Krankheit

Der Gesunde ist ein vorübergehender
Unpatient.

Kranke wollen immer nur das Eine.

Krankheiten sind das einzige, was wir
haben können, ohne Neid zu wecken.

Es gibt Krankheiten, da kommt
bisweilen der Tod vorbei und setzt sich
für eine Weile ans Bett.

Der Tod ist die Vollendung
des Krankheitsbildes.

Krankheiten sind die kleinen
Aufmerksamkeiten des Todes, mit
denen er sich in Erinnerung hält.

Psychosomatische Krankheiten
sind das Mitleid des Körpers mit den
Qualen der Seele.

Krankheit ist immer konkret.

Die Urlaube sind anstrengend,
erholsam sind nur noch die Krankhei-
ten.

Krankheiten sind vorlaut: Sie drängen
sich überall in den Vordergrund.

Im Paradies gab es keine Krankheiten;
die müssen draußen gelauert haben.

Das Recht auf Krankheit kann keinem
genommen werden.

Der Arzt sieht die Krankheit immer
nur von außen, der Patient erlebt sie
von innen.

Krieg

Der Krieg ist der Vater aller Dinge,
die er missbrauchen will.

Im Krieg macht der Tod gern
Sonderangebote.

Im Krieg stirbt auch die Würde
des Todes.

Krieg ist die Fortsetzung der Politik
in den Wahnsinn.

Im Krieg tanzt der Tod nach den
Nationalhymnen.

Der Krieg zählt immer noch zu
den Risiken und Nebenwirkungen
des Friedens.

Krieg ist die Lösung von Problemen
durch Tragödien.

Krimi

Krimis, in denen das Gute siegt,
verderben die Jugend für die Realität.

Kritik

Respektiere deine Kritiker, sie sind
ehrlicher als deine Freunde.

Wer glaubt, auf Kritik verzichten zu
können, hat sie am bittersten nötig.

Kugel

Eine Kugel ist der unübertroffen
direkteste Weg, sein Missfallen an
anderen oder an sich selbst zum
Ausdruck zu bringen.

Eine abgefeuerte Kugel ist
die nachhaltigste Botschaft.

Kuh

Wer eine Kuh kauft, kauft auch
die Fladen.

Kultur

Der Weg der Menschheit:
Vom Ur-Kult zur Kultur.

Der Untergang einer Kultur beginnt
damit, dass sich die Falschen für die
Elite halten.

Kultur sollte Nähe zum Sinn suchen.

Mit jeder Kultur geht auch ihre
Götterwelt unter.

Zivilisation bedeutet, die Kräfte
der Natur zu kennen und zu nutzen;
Kultur heißt, weise von diesen
Möglichkeiten Gebrauch zu machen.

Zivilisation ist "the way of life", Kultur
ist "the why of life".

Kunst

Kunst ist nie vollkommen, nur ihre
Zerstörung kann es sein.

Wer hat schon wirklich Ahnung von
Kunst – das meiste kennt man doch
nur vom Hören und Sehen.

Kunst und Natur langweilen einander.

Früher hat die Kunst Gott gedient,
heute will sie ihn ersetzen.

Wahre Kunst hat kein Verfallsdatum.

Die eigentlich entartete Kunst war die
artige Kunst.

Entartete Politik ist immer eine Gefahr
für die Kunst.

Kunsthistoriker wissen über ein Bild Klügeres zu sagen, als es der Maler je könnte.

In der Kunst gibt es keinen Fortschritt, nur Veränderung.

Die Kunst ist der Nerv im Zahn der Zeit.

Die Kunst wird ehrlicher: Die Plastiken sind zunehmend aus Plastik.

Kunst, moderne

Eine angemessene Form mancher modernen Kunst wäre die Radierung, und zwar möglichst vollständig.

Die Richtung der modernen Kunst ist die Orientierungslosigkeit.

Viele Kunstwerke von Beuys müssen vor Ungebildeten und Ungeziefer geschützt werden.

Die moderne Kunst führte über das Abstrakte ins Absurde.

Moderne Kunst will nur noch bezahlt, aber nicht mehr verstanden werden.

Die moderne Kunst hat sich von den Musen emanzipiert.

Erst die moderne Kunst macht uns bewusst, wie gut die alte ist.

Moderne Kunst hat sich auch vom Können befreit.

In der modernen Kunst wollen d i e Leute bewundert werden, die sie kaufen.

Moderne Malerei ist wie gemalte moderne Musik.

Alte Kunst lässt sich nicht mehr bezahlen, moderne Kunst nicht mehr erklären.

Aus dem Rahmen zu fallen, ist heutzutage bereits ein Kriterium für moderne Kunst.

Frühe Kunst ist namenlos, moderne Kunst ist nur noch Name.

Moderne Kunst ist ohne Deutung bedeutungslos.

Die moderne Kunst spottet aller Nichtbeschreibung.

Das Auffallende an der modernen Kunst ist der Wille der Künstler, aufzufallen.

Bei der modernen Kunst ist man nie ganz sicher, ob die Muse den Künstler geküsst oder gebissen hat.

Kunst und Kitsch

Kitsch ist nicht missglückte Kunst,
sondern geglückte Misskunst.

Kunst will verstanden werden, Kitsch
will gefallen.

Kunst will stacheln, Kitsch will sich
einschmeicheln.

Moderne Kunst, die nicht miss-
verstanden werden kann, ist Kitsch.

Kunsthandel

Ab einer gewissen Menge geschaffener
Werke beginnt im Kunsthandel das
Interesse am Tod des Künstlers zu
überwiegen.

Leute, die sich in den Preisen
von Bildern auskennen, halten sich
deswegen schon für Kunstkenner.

Tragisch: Jede große Kunst endet
im Geld.

Kunst ist heute der absolute Sieg
des Marketings über das Werk.

Kunsthandel ist der Weg von einer
Privatangelegenheit des Künstlers zum
Privatbesitz des Erwerbers.

Der Unterschied zwischen Kunst
und Kunsthandel ist wie der zwischen
Noten und Banknoten.

Kunsthandel: Es gibt nicht nur Jäger-,
sondern auch Sammlerlatein.

Das beliebteste Motiv für die
moderne Kunst ist das Geld.

Bei Kunstauktionen erkennt man
die Kenner an ihren teilnahmslosen
Gesichtern.

Der Kunsthandel lebt von den
überzeugenden Erklärungen, warum
moderne Werke Kunst sind.

Definitionen

Karriere-Alternative: Zum größten
Problem seines Chefs werden

Kaugummi: Beitrag Amerikas
zur Esskultur

Klapperstorch: Gynäkologischer
Weihnachtsmann

Kneipe für Philosophen: Denk-Bar

Kochbücher: Bilder als Futter-Morgana

Kommunikations-Kettenreaktion:
Ein Wort spaltet das andere

Kompendien: Intellektuelles Kraftfutter

Konjunkturprognosen: Wettervorhersa-
gen fürs Wolkenkuckucksheim

Konsumgesellschaft: Zuvielisation

Korruption: Entscheidungshilfe durch
bestechende Argumente

Korruption: Schleichweg zum Erfolg

Kosmetik: Gesichtswissenschaft

Kosmetik für Intellektuelle:
Niveau-Creme

Kosmetikerinnen: Hautfrauen

Krawalle: Molotow-Cocktail-Parties

Krieg: Heute ist Gott mit den besseren
Computern.

Kunsthandel: L'art pour Dollar

Lachen

Das Lachen will eingeladen sein,
das Weinen kommt von alleine zu uns.

Landschaft

Städte haben ihren Charakter,
Landschaften zeigen ihre Seele.

In den blühenden Landschaften
standen zu viele Luftschlösser.

Durch ein Weinglas sehen alle
Landschaften schöner aus.

Langeweile

Langeweile ist immer Langeweile
an sich selbst.

Langeweile haben zu können,
ist ein negatives Talent.

Laster

Jede Schwäche lässt sich zu einem
Laster verstärken.

Geld ist das einzige Laster, das man
schnell los werden kann.

Laster finden immer ihre Anhänger.

Laster sind Trüffel für den inneren
Schweinehund.

Laufbahn

Auf der Laufbahn ist alles erlaubt,
auch das Kriechen.

Für die meisten Laufbahnen gibt es
auch Schleichwege.

Laune

Schlechte Laune ist infektiös.

Schlechte Laune ist psychischer
Masochismus.

Leben

Naturwissenschaft kann das Leben
erklären, aber nicht verstehen; beim
Glauben ist es umgekehrt.

Alles Leben kommt aus kleinen
Verhältnissen.

Das Leben ist eine Brücke zwischen
zwei unbekannten Ufern.

Das Leben ist ein Gordischer Knoten,
den der letzte Herzschlag durchtrennt.

Die wichtigste Eigenschaft des Lebens ist der Tod, sonst wäre die Evolution stehen geblieben.

Jedes Leben ist eine Anekdote, deren Pointe der Tod ist.

Leben ist vorübergehende Teilnahme am Evolutionsprozess.

Das Leben ist ein Joint venture auf Zeit zwischen Seele und Körper.

Wer ist für dieses klebrige Haften am Leben schuld, der Körper oder die Seele?

Leben ist der Übergang von Geburtsfrustration zu Todesangst.

Je mehr wir vom Leben verstehen, desto unbegreiflicher wird, dass wir überhaupt existieren.

Man kann im Leben alles richtig machen und dennoch das Wesentliche versäumen.

Leben zu dürfen und auch noch glücklich sein zu wollen, ist eigentlich Anmaßung.

Ob es noch anderes Leben im Universum gibt, steht in den Sternen.

Leben und Sinn

Leben in der Spaßgesellschaft heißt vor allem, nichts zu versäumen.

Ist das Leben nur das Larvenstadium für die Seele?

Es ist ein Missbrauch des Lebens, nur seine Wünsche erfüllen zu wollen.

Von allen Wünschen ist der, lange am Leben zu bleiben, am schwersten zu begründen.

Das Ziel des Lebens ist der Tod, aber was ist sein Sinn? – Das Ziel zu erreichen.

Ein Leben ohne Sinn ist eine sinnlose Vorstellung.

Jeder muss entscheiden, ob sein Leben einen Sinn oder einen Zweck haben soll.

Leben und Tod

Unser Leben ist nur geleast, um die Rückgabe kümmert sich der Tod.

Das Leben wird immer komplizierter, einfach bleibt nur der Tod.

Man soll den Tod nicht vor dem Lebensabend loben.

Der Tod bringt das Leben auf den Punkt.

Welche Rolle du auf der Bühne des Lebens auch spielst: Hinter den Kulissen wartet der Tod.

Kaum haben sich Ei und Samenzelle vereinigt, kommen sie in die Registratur des Todes.

Unser Leben ist ein roter Teppich, den wir für den Tod ausrollen.

Der Fluchtpunkt der Lebensperspektiven ist der Tod.

Lebenspartnerschaft

Die zunehmenden Lebenspartnerschaften junger Leute basieren auf dem Prinzip „trial and eros".

Lebensqualität

Ein guter, sicherer Friedhofsplatz erhöht die Lebensqualität.

Inserat: Lebensqualität günstig zu vermitteln.

Seinem Leben einen Sinn geben zu wollen, ist die höchste Lebensqualität.

Lebenssinn

Je älter einer wird, desto mehr engt sich der Lebenssinn ein, bis schließlich allein der Wunsch übrig bleibt, noch älter zu werden.

Lebenssinn ist nicht im Leben selbst zu finden.

Lebensweisheit

Nichts wird so kalt gegessen wie es eingefroren wird.

Macht und Reichtum sind heimtückische Charaktergifte.

Wer auf dem Wege zu sich keine Enttäuschung erlebt hat, ist in die verkehrte Richtung gegangen.

Mitmenschen sind wir nur, wo wir helfen.

Leidenschaft

Begeisterung flammt auf, Leidenschaft glüht.

Leidenschaft ist ein endogenes Rauschmittel.

Leuchtturm

Der Leuchtturm signalisiert
den ankommenden Schiffen, ihm
möglichst fern zu bleiben.

Leute

Viele fleißige Leute wären reich
geworden, wenn sie sich nicht vorher
zu Tode gearbeitet hätten.

Je weniger die Leute etwas angeht,
desto genauer wollen sie es wissen.

Es ist schwer, mit Leuten, denen
die Zähler wichtig sind, einen gemein-
samen Nenner zu finden.

Licht

Das Licht am Ende des Tunnels
könnte ein Armleuchter sein.

Ich sehe ein Licht, jetzt brauche ich
nur noch einen Tunnel.

Auch wenn wir Licht sehen, bleibt es
im Gehirn dunkel.

Kleine Lichter stellen sich gern
unter große Scheffel.

Jeder Mensch, der das Licht der
Welt erblickt, kommt aus engen
Verhältnissen.

Liebe

Adam und Eva haben bei der
Vertreibung ein Stück Paradies heraus
geschmuggelt: die Liebe.

Der größte Teil der Literatur sind
Beipackzettel für die Liebe, die auf
deren Risiken und Nebenwirkungen
aufmerksam machen.

Liebe ist vielleicht die schönste,
auf jeden Fall aber die interessanteste
Nebenwirkung der Evolution.

Die Liebe gibt uns die Kraft, einen
Menschen so zu sehen, wie wir ihn
gern hätten, und dann an ihn zu
glauben.

Liebe ist die diffuseste Ursache mit
der konkretesten Wirkung.

Amor scheint noch blinder zu sein
als die Liebe.

Denken ist eine cerebrale Expedition,
Liebe ist ein hormonelles Abenteuer.

Wenn die Liebe erst eingefädelt ist,
lässt die Verstrickung nicht lange auf
sich warten.

Alle Liebenden halten sich für
auserwählt.

Was wir lieben, wird ein Teil von uns.

Die Liebe ist ein Rätsel, das nicht
gelöst werden will.

Lob

Lob ist Zucker für die Seele.

Nur wer ehrliches Lob sät, wird echte Leistung ernten.

Andere zu loben, ist allemal einfacher als selber zu handeln.

Wer dich lobt, hat etwas mit dir vor.

Wir bewundern die Urteilskraft derer, die uns loben.

Reden ist Silber, loben ist Gold.

Überschäumendes Lob besteht in der Regel überwiegend aus Schaum.

Beim Loben wird mehr gelogen als beim Tadeln.

Lob ist wie Parfüm: Als Duft angenehm, als Wolke penetrant.

Logik

Logik ist Akupunktur für Sprechblasen.

Logik hat Lokalverbot im Stammhirn.

In der Hoffnung hat die Logik keinen Platz.

Lohnfortzahlung

Die Lohnfortzahlung im Krankheitsfall interessiert die modernen Menschen mehr als ein Weiterleben im Todesfall.

Lügen

Lügen haben kurze Beine, aber einen langen Atem und eine laute Stimme.

Lügner halten die nackte Wahrheit für pervers.

Irrtümer entstehen im Kopf, Lügen im Herzen.

Ein Körnchen Wahrheit würzt die Lüge.

Um die Lüge zu entblößen, muss sich die Wahrheit die Kleider vom Leib reißen.

Lieber eine flotte Lüge als eine faule Ausrede.

Luftschlösser

Die schönsten Luftschlösser stehen an Holzwegen.

In den Luftschlössern spukt die Vernunft.

Luxus

Luxus ist ein Weichmacher für
den Charakter.

Luxus lässt auch den überflüssig
erscheinen, der ihn braucht.

Luxus ist Leben im Leerlauf

Es gibt kein Tier, das sich von Luxus
beeindrucken lässt.

Luxus ist der Versuch, sich durch
Überflüssiges Bedeutung geben zu
wollen.

Die eigentliche Barbarei ist der Luxus.

Luxus hat den penetranten
Beigeschmack von materialisierter
Schamlosigkeit.

efinitionen

Lebenslauf: Ich kam, sah und siechte.

Lehre von der Gewaltlosigkeit:
Propagandhi

Listen-Wahl: Wahl von Listigen

Lumpen: Sind nicht die aus der Art
geschlagenen Verwandten der Lappen

Luxus: Entartete Verschwendung

Luxus: Kult um das Unnötige

Luxus: Lieblingsort der Langeweile

Luxus: Überfluss an Überflüssigem

мМ**MM**M_Mм

Macht

Religion ist Opium für das Volk, aber
Macht ist Opium für die Funktionäre.

Macht hat den Nachteil, Menschen
anzuziehen, die ihren Vorteil suchen.

Errungene Macht nimmt
die Masken ab.

Wer die Macht hat, bei dem
schmeichelt sich auch das Geld ein.

Wer durch Gewalt an die Macht
kommt, will sie missbrauchen.

Macht senkt den Gesinnungsfaktor.

Macht brüllt, Ohnmacht schreit
zum Himmel.

Was sind die Stärke der Worte und
die Kraft der Zahlen gegen die Macht
der Nullen.

Alle Macht geht dem Volke aus.

Maikäfer

Jeder Maikäfer verachtet
die Engerlinge.

Mann

Der Mann auf der Straße ist
heutzutage einer, der mit Glück einen
Parkplatz gefunden hat.

Im Wirtschaftsleben bedeutet
ein guter Mann etwas anderes als ein
guter Mensch.

Ein Mann von ausgesuchter
Höflichkeit sucht sorgfältig aus, zu
wem er höflich ist.

Ein Mann ist reif, wenn der Verstand
sein bester Freund ist.

Der Mann schmückt sich mit seiner
Frau und sie putzt sich für die anderen
Männer.

Einem Mann, der behauptet,
er verstünde die Frauen, dem ist auch
sonst nicht zu trauen.

Der Weg zum self-made-Ehemann
endet beim Tellerwaschen.

Mannequins

Mannequins schreiten über den
Laufsteg, als müssten sie eiligst auf
die Toilette.

Mannequins leben von ihren
Essstörungen.

Warum „Mannequins" und nicht schon längst „Damequins"?

Marionetten

Könnten Marionetten denken, sie würden eine Fadentheorie aufstellen.

„Mir geht es gut, alles läuft wie am Schnürchen", sagte die Marionette.

Bei Marionetten gehen die Fäden nach oben, bei Hampelmännern nach unten.

Marketing

Marketing ist die teuere Kunst, auf billige Werbung zu verzichten.

Marketing bedeutet nicht, ein Geschäft abzuschließen, sondern Vertrauen zu gewinnen.

Medikament

Ein Medikament gegen eine bisher unheilbare Krankheit verändert die Welt.

Die Beipackzettel von Medikamenten lesen sich zunehmend wie Schriftsätze von Anwälten.

Medikamente, deren Nebenwirkungen mit den Krankheitssymptomen identisch sind, gelten als nebenwirkungsfrei.

Der Körper heilt sich immer selbst, ist aber für medikamentöse Hilfe äußerst dankbar.

Medizin

Medizinisch zählt die Seele zu den Innereien des Menschen.

Man soll keine Pillen vor die Säue werfen.

Wir haben eine Menge Heilmittel, für die es noch gar keine Krankheiten gibt.

Hippokrates hat von den Ärzten eine saubere Gesinnung gefordert, Semmelweiß saubere Hände.

Wer an die Medizin glaubt, ist naiv, wer nicht an sie glaubt, ist leichtsinnig.

Homöopathie ist das konzentrierte Nichts mit der potenzierten Wirkung.

Ein Termin ist die wichtigste Form ärztlicher Zuwendung.

Die Schulmedizin teilt die Patienten in Klassen ein.

Der Fortschritt der Diagnostik ist zur Hauptgefahr für unsere Gesundheit geworden.

In der Intensivmedizin geht der Tod mit dem Fortschritt.

Hundertprozentig ist in der Medizin nur der Tod.

Der Tod hat keinen Respekt vor der Intensivmedizin.

Meinung

Unsere Meere sollten sauber bleiben! Werft Eure Meinungen nicht mehr über Bord.

Der Fettdruck mästet die öffentliche Meinung.

Mensch

Kaum auf der Welt, will das Menschenkind verschaukelt werden.

Ein statistisch echter Durchschnittsmensch ist eine Ausnahme.

Langsame Menschen gehen auf die Nerven, die schnellen auf den Geist.

Das Unglück des Menschen:
Sein Körper ist ein Tier und sein Geist will wie Gott sein.

Jesus kannte die Menschen und wusste, dass es Wunder braucht, um sie zu überzeugen.

Wenn sich die Menschheit weiter so entwickelt, werden in der Hölle nur noch Stehplätze zur Verfügung stehen.

Die Menschheit scheint in die Midlife-Crisis gekommen zu sein.

Kosmisch ist der Mensch weniger als eine Eintagsfliege.

Nur Menschen, in denen der Teufel steckt, lassen sich vergöttern.

Eine Überdosis Mensch hat erhebliche Risiken und Nebenwirkungen für die Erde.

Die größte Gefahr droht der Menschheit nicht von der Spaltung der Atomkerne, sondern von der Vereinigung von Ei- und Samenzellen.

Der Mensch stammt nicht nur vom Affen ab, ein Großteil davon steckt auch noch in ihm.

Mensch an sich

Viele Menschen sind wie Uhren: Was sie bewegt, ist ihre Unruhe.

Jeder Mensch hat ein paar Details, in denen der Teufel steckt.

Niemand ist leichter zu überzeugen, ein Übermensch zu sein, als ein Unmensch.

Viele Menschen hoffen, mit dem Auto zu sich zu kommen.

Gerade Menschen, die nur an sich denken, kennen sich am wenigsten.

Dem modernen Menschen soll die Entspannung die Seelenruhe ersetzen.

Vielleicht ist der Mensch doch kein Erdenwurm, sondern eine Erdenraupe, aus der ein Seelenschmetterling schlüpft.

Die Verhaltensforschung lehrt uns, die Tiere zu verstehen und am Menschen zu zweifeln.

Der Mensch ist ein anderer in Theorie und Praxis.

Die langweiligen Menschen erzählen uns, was sie erlebt haben, die interessanten lassen uns daran teilhaben, was sie denken.

Manche Menschen sind wie Zwiebeln: Je mehr Schalen man abträgt, desto stärker kommen einem die Tränen.

Die Beobachtung der Natur schärft den Verstand, die Beobachtung der Menschen schärft die Zunge.

Über die großen Stücke, die von ihm gehalten wurden, ist schon mancher gestolpert.

Auf die Interessen der Menschen ist allemal mehr Verlass als auf ihre Gesinnungen.

Die Menschen wissen viel genauer, was sie sich wünschen, als was sie wollen.

Feen, die es gut mit den Menschen meinen, gewähren ihnen niemals freie Wünsche.

Der gestresste Mensch ist besinnlichkeitslos.

Mensch und Evolution

Es ist ein primitiver Glaube, dass sich der Mensch schon entprimatisiert hätte.

Vielleicht ist der Mensch die Sackgasse der Evolution.

Der Mensch ist in der Lage, die ganze Evolution versauen zu können.

Vielleicht ist der Mensch der evolutionäre Embryo eines wirklich höheren Wesens.

Die Entstehung des Menschen war ein evolutionäres Happening.

Der Mensch ist der Karrierist
der Evolution.

Der Mensch sollte die Krönung
der Evolution werden, aber er ist eine
Frühgeburt geworden.

Der Mensch ist der Hochstapler der
Evolution.

Der Mensch ist nicht gerade
ein Designer-Modell der Evolution.

Bei Tieren und Pflanzen ist Gott
die Schöpfung zuzutrauen, beim
Menschen sind Zweifel angebracht.

Der Mensch ist aus der Evolution
hervorgegangen, zum Homo sapiens
muss er sich selbst entwickeln.

Der Mensch ist die Krisis
der Evolution.

Der Mensch ist ein Kind der Evolution,
das verzweifelt seine Eltern sucht.

In Zeiträumen der Evolution hat sich
der Mensch mit einem Affenzahn
entwickelt.

Der Mensch überwindet die Evolution,
ehe er sie verstanden hat.

Aufrechter Gang reicht nur für den
Homo erectus; erst aufrechte Ge-
sinnung sollte den Homo sapiens
rechtfertigen.

Der Mensch als Ziel und Krone der
Evolution: vollkommen unrealistisch.
Der Mensch als Ursache für das Uni-
versum: total absurd.
Nur dass der Mensch diese Fragen
stellen kann, ist einfach göttlich.

Mensch und Leben

Der Mensch ist das einzige
Lebewesen, der aus Trauer und
Freude weinen kann; es ist zum
Heulen komisch.

Der Mensch ist das einzige
Lebewesen, das sich den Luxus von
Weltanschauungen leisten kann, die
mit der Welt nicht übereinstimmen.

Nachdem die Menschen immer
mehr die Wandergewohnheiten von
Zugvögeln annehmen, sollte man
anfangen, sie zu beringen.

Etwas zu schaffen auf der Erde, ist
immer mühsam, mit Ausnahme eines
neuen Menschen.

Errare humanum est –
das menschliche Sein ist ein Irrtum!

Mensch und Menschheit

Der Untergang der Menschheit könnte für die übrig gebliebenen Lebewesen ein großartiges Naturschauspiel werden.

Der Mensch – dieser Atombomben-Affe.

Alle Menschen sind gleich: Welch ein Unsinn! Aber wie friedlich könnte die Welt sein, wenn wenigstens alle ihre Götter gleich wären.

Mensch und Mitmensch

Ein Mensch ohne Auto gilt heutzutage als behindert und darf überall parken.

Vollenden kann der Mensch nur sich selbst, fertig machen können ihn auch andere.

Um ein guter Mensch zu sein, genügt es, andere nicht unglücklich zu machen.

Heute kommen auf einen Menschen zu viele Leute.

Bei 10 Milliarden Menschen auf der Erde wird jede Beerdigung ein Freudenfest.

Die wechselseitige Anziehungskraft von Menschen, die sich durchs Leben treiben lassen, beruht darauf, dass sie sich gegenseitig Strohhalme sind.

Je länger die Warteschlangen sind, desto giftiger werden die Menschen.

Militärs

Hohe Militärs sollten eine Schürze über ihren Uniformen tragen, weil sie sich so gern mit Ruhm bekleckern.

Misserfolg

Misserfolg demaskiert.

Erfolg macht leichtsinnig, Misserfolg nachdenklich.

Misserfolg motiviert nur die Starken.

Mist

Es gibt auch einen Anti-Midas: Alles, was ein solcher anfasst, wird Mist.

Mitarbeiter

Die besten Mitarbeiter sind nicht die zufriedenen, sondern die begeisterten.

Mitarbeiter, die ihren Vorgesetzten immer Recht geben, verdienen auch sonst nicht viel Vertrauen.

Warum tragen die Mitarbeiter von Behörden Freizeitkleidung?

Ein Unternehmen, das Mitarbeiter entlässt, verändert auch die Einstellung der Mitarbeiter, die bleiben.

Mode

Mode ist ein Problem, dessen Kern in der Schale steckt.

Moderne Mode zieht die Frauen so an, dass man die Kleider herunterreißen möchte.

Mode ist Gehirnwäsche mit textilen Mitteln.

Mode soll infektiös wirken.

Modeschöpfer missbrauchen den Begriff „Schöpfer".

Moden können wie Seuchen den ganzen Erdball erobern.

Mörder

Wie viele große Mörder werden doch in der Weltgeschichte verherrlicht.

Wenn er tatsächlich kein Motiv hat, dann ist der Tod ein Lustmörder.

Moral

Heutzutage wären Sodom und Gomorrha Partnerstädte mit Schnellverbindung.

Die Moral kann an ihren Verletzungen zugrunde gehen.

Besser eine doppelte Moral als gar keine.

Motivation

Motivation kommt aus dem Herzen.

Motivation ist die Fähigkeit, Fähigkeiten zu mobilisieren.

Wer sich nur mit Geld motivieren lässt, lässt sich auch ganz kaufen.

Neid ist Motivation im Rückwärtsgang.

Es gibt kein plumperes Motivationsmittel, das wirksamer ist als Geld.

Regulation drückt Motivation.

Musik

Gute Musik rührt tief in der Seele
herum.

Moderne Musik quält Ohren
und Instrumente.

Mysterium

Das Leben ist ein Wunder, der Tod
aber ein Mysterium.

Dass es Mysterien gibt, ist das
größte Mysterium.

Mythos

Griechen, Römer und Germanen
hatten ihre Mythologien;
die Religionen kamen aus der Wüste.

Warum kehren wir nicht zur
griechischen Mythologie zurück?
Die chaotischen Verhältnisse im
Olymp entsprechen dem Zustand
auf der Erde heute noch eher als in
der Vergangenheit.

Definitionen

Mannequin: Anziehpuppe

Massenkunststoff: Eimer für alle

Massentourismus: Die Menschen zugvögeln

Meinung: Integral der Vorurteile

Mensch: Ein Emporkömmling der Evolution

Mensch: Säugling in der Milchstraße

Menschen: Das sind doch diese Lümmel aus der letzten Reihe der Evolution?!

Mischehen: Getrennt beten, gemeinsam sündigen!

Mitgift: Starkes Aphrodisiacum

Mittelalter: War gar nicht finster, die Scheiterhaufen gaben reichlich Licht.

Mode: Extracorporaler Stoffwechsel

Moderne Kunst: Zur Provokation reicht auch wenig Talent.

Moderne Malerei: Variationen zum Thema moderne Kunst

Moderner Amerikaner: Kau-boy

Modernste Schönheitschirurgen: Das Image wird geliftet.

Moral: Maulkorb für den inneren Schweinehund

Müll-Problem: Die Kehrichtseite des Wohlstandes

Muttersprache: Geistiges Vaterland

Mutter Natur: Setzt ihre Kinder aus

Muttersöhnchen: Prä-Pantoffelheld

Mythos: Kollektives Luftschloss

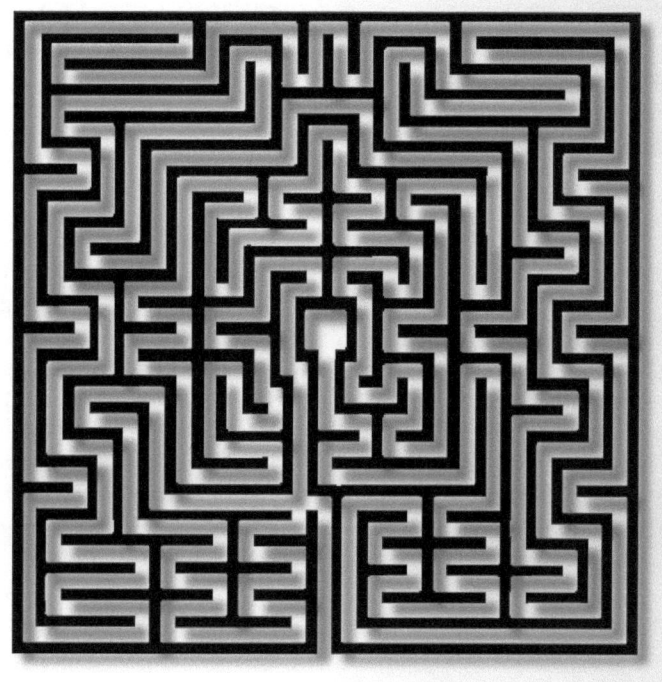

N N N **N N** N N N

Nachbar

Das Gras in Nachbars Garten ist grüner, dafür wächst das Unkraut im eigenen besser.

Nachrufe

Wer nicht an ein Weiterleben nach dem Tod glaubt, verdient auch keinen Nachruf – er hört ihn ja nicht.

Wenn der Tod wüsste, wie viele Nachrufe schon in den Schubladen liegen, würde er schneller arbeiten.

Nadel

Wenn du die Nadel im Heuhaufen suchst, verfluche nicht die Nadel, sondern den Heuhaufen.

Natur

Wer die Natur nicht bewundert, den hat sie eigentlich vergeblich hervorgebracht.

Liebe die Natur wie dich selbst.

Die Natur nimmt keine Entschuldigung an, sie besteht auf Wiedergutmachung.

Für die Natur sind Leben und Tod nur verschiedene Ordnungszustände der Materie.

Der Tod garantiert die Rückkehr zur Natur.

Die Natur wusste schon, warum sie sich in der Evolution mit dem Menschen so lange Zeit gelassen hat.

Die Natur hat keine Kulissen, alles spielt sich auf offener Bühne ab.

Die Natur lässt zu, dass wir ihre Geheimnisse lüften; sie kommt uns dabei zwar nicht entgegen, aber sie verbirgt sich auch nicht.

Was ist die Natur im Laufe der Evolution nicht schon alles wieder los geworden. Man sollte auch beim Menschen nicht pessimistisch sein.

In der Natur ist alles Praxis, die Theorie findet in unseren Köpfen statt.

Ein rätselhaftes Paradoxon der Natur: Zwischen den kleinsten Teilchen wirken die stärksten Kräfte und zwischen den größten Körpern mit der Gravitation die schwächste.

Die Natur schenkt uns das Leben, nicht den Sinn.

Wo der Mensch nicht nachgeholfen hat, sind die Früchte der Natur klein und bitter.

In der Natur gibt es keine Instanzenwege.

Die Natur improvisiert nicht.

Naturwissenschaft

Naturwissenschaft und Theologie können zwar ein ähnliches Gottesbild, aber nie ein gleiches Weltbild haben.

In den Naturwissenschaften lässt sich Wissen nicht ohne Praxis gewinnen.

In den Naturwissenschaften wetteifern die Experten, in den Geisteswissenschaften streiten sie.

Das Experiment ist die höchste Autorität der Naturwissenschaft, das macht sie unbestechlich, unabhängig und frei von willkürlicher Interpretation.

Neid

Neid ist Lochfraß des Herzens.

Neid ist ein schleichendes Gift, das obendrein geschmacklos ist.

Auf Neid ist mehr Verlass als auf Solidarität.

Neid ist wie eine Krebskrankheit

der Seele: Im Lauf der Zeit entstehen immer mehr Metastasen.

Der Neidhammel ist das dümmste Schaf.

Neid ist negatives Lob.

Neid ist die Spitze eines Geizberges.

Neid zerfrisst, Habgier verschlingt.

Neid verdient auf Dauer nur der Tüchtige.

Neidisch sind die Menschen von Natur aus, zur Zufriedenheit müssen sie überredet werden.

Ungleiche Löffel schöpfen Neid.

Dem Neid ist kein Anlass zu klein.

Wer Neid besitzt, braucht nichts anderes.

Nichts

Wenn das Nichts schwarz ist, dann hat es zumindest eine Farbe; ist es farblos, dann hat es eine Eigenschaft.

Noah

Noah würde heute eine Rakete
bauen und tiefgefrorene Stammzellen
mitnehmen.

Nostalgie

Die Nostalgie sucht Asyl in einer
Vergangenheit, die sie sich erträumt.

Nostalgie ist der Silberblick in die
Vergangenheit.

Dass der Mensch von Natur aus
gut sei, ist paradiesäre Nostalgie.

Nostalgie sehnt sich nach Zeiten
zurück, in denen die Menschen sich
nach besseren Zeiten sehnten.

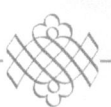

efinitionen

Nachrichtensprecher: Hiobsbotschafter

Nächstenliebe: Auforderung zum
Gewohnheitswohltäter

Natur: Besitzt das einzige lückenlose
Gesetzeswerk

Neon-Persönlichkeit: Hell, aber farblos

Niedergeschlagenheit: K.o. der Seele

Notlüge: Bikini für die nackte Wahrheit

Nostalgie: Geisterfahrt in die
Vergangenheit

Notlüge: Verlegenene Rettung
durch Verlogenheit

Nouvelle cuisine: Dekorative Proben
von Speisen

Nullwachstum: Rasend machender
Stillstand

Ochsen

Die Ochsen haben die Bauernhöfe längst verlassen und den Weg durch die Institutionen mit großem Erfolg angetreten.

Ochsen fressen den Heuhaufen, wenn sie die Nadel darin finden wollen.

Für den Stier ist der Ochse ein Theoretiker.

Dem Ochsen, der da drischt, ist das Maulen zu verbieten.

Öffentlichkeit

Wer ins Licht der Öffentlichkeit tritt, wirft auch seinen Schatten ins Publikum.

Der Arbeitsplatz des Politikers ist die Öffentlichkeit.

Im Licht der Öffentlichkeit ist schon mancher blass geworden.

Ohrfeige

Ohrfeigen bringen abweichende Meinungen am eindrucksvollsten zu Gehör.

Opportunisten

Opportunisten-Motto: Reden ist Silber, Ja-Sagen ist Gold.

Der Weg des Opportunisten ist mit Standpunkten gepflastert.

Der Opportunist wedelt mit der Zunge.

Opportunisten schminken ihre Lippen mit Bekenntnissen.

Optimist

Optimisten sind Träumer, Pessimisten sind Albträumer.

Der Optimist gibt gerne einen Tropfen Wein in den Essig.

Für den Optimisten ist die Flasche noch halb voll, während der Pessimist ihn schon für besoffen hält.

Optimisten missbrauchen die Hoffnung, Pessimisten misshandeln sie.

Ordnung

Ordnung ist das halbe Leben, aber die andere Hälfte ist interessanter.

Ordnung diszipliniert das Denken,
Chaos inspiriert es.

Ordnung gibt dem Leben nicht Sinn,
aber Gestalt.

Wo rundherum das Chaos herrscht,
ist Ordnung ein Störfaktor.

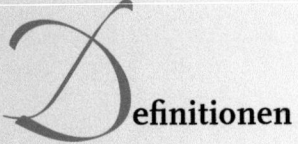efinitionen

Öffentlicher Haushalt: Budget, in dem alles versteckt werden kann, was gar nicht vorhanden ist.

Ökologische Waffen: Zurück zur Schießbaumwolle

Olympischer Sozialstaat: Mitnehmen ist alles!

Ordnung: Prä-Chaos

Organigramm: Unterordnungs-Schema

Organisationen: Je größer, desto mehr Chancen für das Peter-Prinzip

Orthografie: Schriftverkehrsordnung

Otto Normalverbraucher: Homo statisticus

Outsourcing: Entsorgung von Sorgen

Ovation: Aufrechter Beifall

PPPPPPP

Paradies

In der unbelebten Natur gibt es keine Langeweile – vielleicht ist sie das Paradies?

Den Schlüssel zum Paradies trägt der Tod am Gürtel.

Im biblischen Paradies gab es weder Geld noch Uhren, weder Fernsehen noch Bürokratie: Es war einfach paradiesisch.

Im Paradies ist es ein besonderes Vergnügen, die Rauchzeichen aus der Hölle zu beobachten.

Ein perfektes Paradies wäre die Hölle.

Vielleicht war der Rausschmiss aus dem Paradies der erste Justizirrtum.

Im Paradies macht Wissen straffällig.

Vielleicht kommt nur unser Genom ins Paradies.

Seit dem Paradies schlummert im Menschen die Unschuldssehnsucht.

Parfüm

Parfüm ist Make-up für den Geruchssinn.

Die ganz teuren Parfüms riechen nach Geld.

Schwere Parfüms grenzen an Geruchs-Unzucht.

Parlament

Die Ethik des Parlaments ist das fraktionierte Gewissen.

In Parlamenten herrscht die Mehrheit, nicht die Wahrheit.

Die Steigerung von Lamentieren ist Parlamentieren.

Die Schweigende Mehrheit im Land wird durch die schweigende Mehrheit im Parlament vertreten.

Das Parlament verabschiedete das Gesetz mit den besten Wünschen.

Partei

Die Partei der Grünen war einmal ein Biotop für Utopisten.

Zur Machterhaltung sind die Parteien sogar zu guten Taten bereit, die die Wähler später bezahlen müssen.

Die Wahlen sollten zu Weihnachten stattfinden, damit die Wähler den Parteien ihren Wunschzettel schicken könnten.

Der Hintersinn der Wahl: Hinter der Partei seines Vertrauens ein Kreuz zu machen.

Nach der Wahlschlacht lagen überall leere Worthülsen herum.

Parteiprogramme sind politische Auslegeware.

Partner

Mach deinen Frieden mit dir, du findest keinen dankbareren Partner.

Früher haben sich die Partner während der Verlobungszeit geprüft, heute probieren sie aus.

Pathos

Pathos ist ein pathologischer Seelenzustand.

Pathos entwürdigt die Feierlichkeit.

Patient

Ein guter Patient ist seinem Arzt treu bis in den Tod.

Die Patienten wollen geheilt und nicht verarztet werden.

Er war so autoritätsgläubig, dass er starb, als ihm der Arzt „totale Ruhe" verordnet hatte.

Falsche Vorstellungen über ihre Krankheit empfinden die Patienten als Hoffnung.

Durch einen Hausbesuch bei seinem Patienten würde gerade der Psychoanalytiker mehr über ihn erfahren als in zehn Sitzungen.

Pech

Besser ein unverschämtes Glück als ein bescheidenes Pech.

Pech gilt als Schicksal, Glück als Verdienst.

Umweltschutz wirkt: Selbst der Teufel riecht nicht mehr nach Pech und Schwefel.

Pessimisten

Für Pessimisten ist der seidene Faden, an dem das Damoklesschwert hängt, zugleich die Richtschnur.

Der Pessimist malt das Unheil aus, der Skeptiker begnügt sich mit einer Skizze.

Pessimisten zweifeln sich ihr Weltbild zusammen.

Pessimisten spüren das Verlangen, am Rande des Abgrunds noch einen Freudensprung zu machen.

Das Steckenpferd des Pessimisten ist es, auf den Problemen herumzureiten.

Für den Pessimisten ist die Welt ein Räderwerk aus Teufelskreisen.

Süchtige Pessimisten berauschen sich an ihren Selbstzweifeln.

Pessimisten unken die Zukunft voraus.

Pflicht

Jede aufgeschobene Pflicht kommt zurück und bringt ein paar neue mit.

Entweder man kommt seinen Pflichten nach oder sie verfolgen einen.

Wer kein Pflichtgefühl besitzt, hat seinen Beruf verfehlt, egal welchen er ausübt.

Phantasie

Phantasie ist neurologischer Luxus.

Die Phantasie ist das Asyl vor der strengen und kalten Logik.

Wo die historischen Quellen dürftig sind, sprudelt die Phantasie.

Die Vernunft legt die Phantasie an die Kette.

Phantasie treibt Blüten, Früchte aber erntet nur die Arbeit.

Die phantasievollsten Bücher sind Autobiographien.

Gott weiß, was wir denken, der Teufel aber kennt unsere Phantasien.

Phlegma

Sollen sie mich ruhig phlegmatisch nennen, mich regt das nicht auf.

Picasso

In der blauen Periode hat Picasso die schönsten Bilder gemalt – er hätte blau bleiben sollen.

Politik (er)

Politiker wissen, dass ihnen das Zeug zu Heiligen fehlt, deshalb versuchen sie sich gerne als Propheten.

Ein Politiker hat Aussichten,
ein Staatsmann besitzt Weitblick.

In der Politik haben Aussagen von
grundlegender Banalität das Zeug,
Schlagworte zu werden.

Die westliche Welt macht einen
gefährlichen Fehler: Sie überschätzt
die Kraft des Verstandes und unter-
schätzt die Macht der Seele.

Die Opposition hat das Privileg,
Forderungen aufzustellen, für die
keine Mittel vorhanden sind.

Das Vertrauen der Politiker in die
Zukunft zeigt sich in ihrem Bestreben
nach einer guten Altersversorgung.

Politik und Presse leben in einer
Symbiose gegenseitigen Misstrauens.

Politiker sind wie Trauben:
Sie vertrocknen, wenn sie nicht in die
Presse kommen.

Politiker sollten wie Weihnachts-
geschenke sein: Umtauschbar.

Politik ist die Fortsetzung der eigenen
Interessen mit den Mitteln anderer.

Die Tendenzen der modernen
Kunst finden sich auch in der
Regierungskunst.

Der Wunsch, wiedergewählt zu
werden, ist eine Art von politischer
Reinkarnation.

Politik ist das Wechselspiel zwischen
Vorprescher und Retourkutscher.

Wenn die politische Trickkiste leer ist,
kommt die Regierung in eine Krise.

Die Größe eines Politikers zeigt sich
vor allem darin, was er nicht tut.

Bei Galabanketten vereinbaren die
Staatsmänner, welche Suppe sie ihren
Völkern einbrocken.

Politiker verstehen es, leeren
Unverbindlichkeiten virtuelles
Gewicht zu verleihen.

In der Politik werden die Probleme
so lange hin und her gewalkt, bis sie
verfilzen.

Politiker durchbrechen gern
die Schwallmauer.

Die Politik, die das Volk interessiert,
findet an den Stammtischen statt.

Im Wahlkampf hämmern die Politiker
den Wählern ihre Parolen ein, und
hinterher halten sie diese für bekloppt.

Wenn Politiker nicht weiter wissen,
erklären sie sich erst einmal ein Stück
weit betroffen.

Motto der Finanzpolitiker:
Nach uns die Zinsflut!

Gute Politik endet in einem Dilemma,
schlechte führt in ein Desaster.

Stammwähler bleiben treu, auch
wenn sich das Blatt gewendet hat.

Politik ist die Kunst, Hoffnung auf
Hoffnungen zu machen.

Politik ist das Ausloten von
Zumutbarkeiten.

Polizei

Die Polizei, dein Freund und Blitzer.

Autofahren ist heutzutage ein
Aufmerksamkeitstest oder eine
Blitzfahrt.

Wenn Kriminelle an die Macht
kommen, bilden sie einen Polizeistaat.

Fürchte dich nicht, zu schnell zu
fahren – die Polizei hilft dir blitzartig.

Praxis

Lieber in der Praxis versagen, als mit
der Theorie verzweifeln.

Wer nur die Praxis kennt, der
schwimmt; wer nur die Theorie
beherrscht, der vertrocknet.

Praxis ist das Kellergeschoss
des Theoriegebäudes.

Die Praxis hat immer Grenzen,
die Theorie kann beliebig wuchern.

Die Praxis sieht immer anders aus
als in der Theorie vorgesehen.

Die Praxis bringt Farbe in die graue
Theorie.

Die Praxis hat schon viele Theorien
überlebt.

Das Versagen in der Praxis
ist theoretisch immer möglich.

Von der Praxis zur Theorie führen
andere Wege als von der Theorie zur
Praxis.

Theoretisch ist die Praxis immer ein
Grenzfall.

Presse

Wo keine Presse ist, passiert
heutzutage auch nichts.

Es ist eine Ironie des Fortschritts,
wenn Journalisten auf Zeitungs-
papier über das Abholzen von Wäldern
klagen.

Die Presse lebt sowohl vom
Erhellungs- als vom Entstellungs-
Journalismus.

Eine Pressemeldung, die zu früh
bekannt wird: Vorlautbarung.

Die Presse macht so viel Wind,
damit die Rotationsmaschinen nicht
stillstehen.

Presseorgane sondern Erklärungen ab.

Die Presse leidet unter
Informations-Inkontinenz.

Die Presse ist dazu da, die Wahrheit
herauszupressen.

Die Würze der Presse sind die
Geschmacklosigkeiten.

Die Presse ist ein riesiger Apparat, um
aus Frischpapier Altpapier zu machen.

Steigerung des Nachrichtenwertes:
Good news, bad news, bloody news.

Der Presse schmeckt das Gras am
besten, das über eine dumme Sache
gewachsen ist.

Wie man in die Presse ruft, so hallt
es heraus.

Profil

Nur wer Profil hat, kann Eindruck
hinterlassen.

Prognose

Die einzig richtige Prognose ist,
dass Prognosen immer nur Prognosen
bleiben werden.

Beginnt eine Prognose mit den
Worten „Ich glaube", ist Vorsicht
geboten; beginnt sie mit „Ich glaube
nicht", ist ihr ebenso wenig nicht zu
trauen.

Für alle Prognosen gilt: Vertrauen ist
gut, Misstrauen ist besser.

Prognosen werfen Zwielicht in das
Dunkel der Zukunft.

Projekt

Projekte scheitern meist anders,
als man befürchtet hatte.

Je größer das Projekt ist, desto stiller
wird es begraben.

Prominenz

Die Prominenz ist der virtuelle Adel
der Medienwelt.

Provinz

Jede Provinz verachtet ihre Städte
– und umgekehrt.

Psychiater

Der Psychiater: „Bitte machen Sie
Ihre Seele frei."

Psychologie

Was wir der Psychologie wirklich
verdanken, ist die Bestätigung des
Verdachtes, dass hinter Luxus und
Machtstreben die Kompensation von
Minderwertigkeitskomplexen steckt.

Nach erfolgreicher psychiatrischer
Behandlung ist aus dem Unentschlos-
senen ein Unsicherer geworden.

Die Unschärfe-Relation der
Psychologie: Je genauer einer
untersucht wird, desto stärker
verändert er sich dadurch.

Publikum

Der Liebling des Publikums ist
zugleich auch dessen Gefangener.

Das Festspielpublikum berauschte
sich an seiner eigenen Begeisterung.

Immer weniger wollen die Leute
Publikum sein, sondern entweder auf
der Bühne stehen oder an der Kasse
sitzen.

Wem das Publikum egal ist, der ist
entweder sehr gut oder ganz schlecht.

Definitionen

Parkplatz: Erstes Erfolgserlebnis eines Stadtbummels

Parlament: Jagdrevier für Sündenböcke

Passiv-Rauchen: Vergifte keinen Nächsten wie dich selbst.

Pathos: Emotionaler Hohlkörper

Perversion: „Ruf an – und schweige mit mir!"

Pessimisten: Wermutstropfen-Spender

Pfau: Größenwahnsinniger Hühner-vogel

Phantasie: Endogenes Fernsehen

Phantast: Einbildungskraftprotz

Phrasophobie: Gemeinplatzangst

Plagiart: Nachgeahmte bildende Kunst

Planungschef: Kapellmeister für Zukunftsmusik

Platons Trost: Die Idee vom Menschen wird den Menschen überdauern.

Playboys im Auto: Chromprinzen

Play truth: Ein Magazin voller nackter Wahrheiten

Politiker im Amt: Klebewesen

Politiker-Motto: Mit leeren Händen alles im Griff

Praxis: Abenteuerspielplatz für Theoretiker

Pressekonferenzen: Organisiertes Gackern

Profilabdruck: Autogramm

Prophet der Marktwirtschaft: Johannes, der Käufer

Psychotherapeut: Tierarzt für den inneren Schweinehund

Pulverfass: Grundlage für hochfliegende Pläne

Putz: Wird immer beliebter zum Draufhauen

Qual

Was in uns steckt und sich nicht
entwickeln kann, stirbt qualvoll.

Die Qual der Selbsterkenntnis wird
durch die Gnade der Selbsttäuschung
gemildert.

Qualität

Mit dem Preis kann man Kunden
gewinnen, halten kann man sie nur
mit Qualität.

Qualität wird überall auf der Welt
verstanden.

Qualität lindert den Schmerz, den
der Preis verursacht.

Qualität bleibt nur hoch, wenn sie
ständig verbessert wird.

Qualität heißt, weniger Ärger mit
den Kunden.

Qualität ist eine Philosophie, die sich
in den Produkten zeigt.

Qualität ist Vorsorge für den nächsten
Auftrag.

Qualität ist die Ehrerbietung für
den König Kunden.

Jeder Mitarbeiter sollte ein Qualitäter
sein.

Qualität entsteht in den Köpfen und
vollendet sich mit den Händen.

Hat Gott in der Eile auf eine Qualitäts-
kontrolle der Schöpfung verzichtet?

Qualm

Wer heiße Eisen auf die lange
Bank schiebt, darf sich nicht wundern,
wenn's qualmt.

Quanten

Im Innersten der Materie quanteln
die Quarks.

Einstein schaffte den Quantensprung
über seinen Schatten nicht.

Der Atomphysiker muss seinen
Konkurrenten immer ein paar
Quantensprünge voraus sein.

Gott würfelt nicht, er quantelt.

Beförderungen sind Quantensprünge
in andere Laufbahnen.

Die Quantenmechanik zeigt, dass die
Natur sehr wohl Sprünge macht, aber
sie stolpert nicht.

Theoretische Physiker sind Quanten-
Mechaniker.

Die Quantentheorie erklärt
das Unverstandene durch das
Unanschauliche.

Quelle

Verdacht wird gerne aus trüben
Quellen geschöpft.

Wenn die Quellen wüssten, was mit
ihren Flüssen geschieht.

Aus den Verlustquellen sprudeln rote
Zahlen.

Ein Unternehmen kann an seinen
Verlustquellen verbluten.

Der Ursprung ist die Quelle allen
Anfangs.

Der Redefluss kennt seine Quellen
nicht.

Schöpfe vorsichtig aus den Quellen,
sonst trübst du sie.

Alle Quellen sind seicht – die Natur ist
kein Vorbild.

Quer

Alle Heiligen waren Querdenker.

Quertreiber wollen das System stören,
Querdenker fordern es heraus.

Wer querdenkt, kann irgendwann
zwischen den Stühlen sitzen.

Der Weg von der Emanze zur
Querulanze ist kurz.

Wenn zwei Gradlinige sich in die
Quere kommen, schneiden sie sich.

Wir brauchen Querdenker, damit
die Vorandenker Platz haben.

Quote

Fernsehleute berauschen sich an
hochprozentigen Einschaltquoten.

Was dem Feldherrn seine Toten,
sind dem Fernsehstar die Quoten.

Wie aufschlussreich wäre der
Zusammenhang zwischen Einschalt-
quote (EQ) und Intelligenzquotient
(IQ).

Neben der Einschaltquote sollte die
Einschlafquote ermittelt werden.

In den Parteien wird an den Quoten
herumfeministelt.

efinitionen

Qualität: Achtung vor dem Kunden

Quantenmechanik: Gilt dort, wo die Mechanik nicht gilt

Quantensprung: Kleinstmögliche Änderung

Quarks: Erde zu Erde, Staub zu Staub, Atome zu Atomen und Quarks zu Quarks.

Querdenker: Alternativling

Querkopf: Stört jede Runde

RrRR**RR**RRr

Rache

Ohne Rache ist ein Testament phantasielos.

Der Verzicht auf Rache ist die schlimmste Form der Verachtung.

Selbst Diabetiker brauchen auf süße Rache nicht zu verzichten.

Ratschläge

Wer Ratschläge sät, wird Schläge ernten.

Manch einer ist schon durch einen guten Ratschlag zu Boden gegangen.

Rauchen

Der Tabak ist eine giftige Pflanze, die am besten durch Verglühen in kleinen Mengen entsorgt wird.

Tabak ist die Rache der Indianer für den Weihrauch.

Raupen

Auch die Raupen haben vielleicht einen Glauben von Tod und Auferstehung mit Flügeln.

Realität

Realität sind die kurzen Phasen, in denen wir weder vor dem Fernseher noch am Computer sitzen.

Was bedeutet überhaupt Realität; eine Flasche Wein, und schon hast du eine andere.

Rede(n)

Reden ist Silber und Schweigen ist auch nicht mehr, was es früher war.

Reden ist Silber, viel reden ist Blech.

Eine gute Rede dauert so lange, wie sich die Zuhörer noch an den Anfang erinnern.

Dem Mann fällt das Reden schwer, der Frau eher das Schweigen.

Reden ist Silber, Schaffen ist Gold.

Eine Rede, die nicht zündet, verpufft.

Regenbogenpresse

Die Beliebtheit der Regenbogenpresse beweist, dass die Menschen nicht nur unterhalten werden wollen, sie wollen auch wissen, was ihnen entgeht.

Regierung

Der Mist der Regierung ist Dünger
für die Opposition.

Ein Regierungswechsel ist oft nur
die Fortsetzung der Politik mit anderer
Mittelmäßigkeit.

Regierungen müssen offenbaren,
was sie nicht können, der Opposition
bleibt das erspart.

Regierungswechsel werfen ihr
Schattenkabinett voraus.

Was ist von Regierungen zu halten, die
der Mehrheit nach dem Munde reden?

Regierungsmannschaften verlieren
vor allem durch Eigentore.

Regierungen versuchen, das
Fernsehen unbedingt bei Laune zu
halten.

Die Regierung reißt Löcher in
unsere Taschen, um ihre im Haushalt
zu stopfen.

Eine Regierung mit Anstand würde
sich auf jeder Gehaltsabrechnung
für die großzügige Unterstützung
bedanken.

Regierungserklärungen versprechen
viel und erklären wenig.

Religion

Ohne den Tod hätten die Religionen
kaum Chancen.

Alle Religionen, die Aussagen
über den Tod hinaus machen, sind
verdächtig.

Eine gute Religion sollte die Furcht
vor dem Tod nehmen, aber nicht die
Freude am Leben.

Die Religionen brauchen den Sinn
des Lebens nicht zu suchen, sie stiften
Sinn.

In den heiligen Kriegen hat immer
der Teufel gesiegt.

Restaurant

In teuren Restaurants riecht es
mehr nach Spesen als nach Speisen.

Betriebswirtschaftlich ist die
Speisekarte das Angebots-Portfolio
des Restaurants.

In vornehmen Restaurants bestellt
man beim Oberkellner einen Kellner.

Revolution(äre)

Die gefährlichsten revolutionären
Zellen sind die grauen.

Nach der Revolution übernehmen die
Souffleure die Rollen.

Jeder Sieg einer Revolution ist eine
Niederlage für ihre Ideale.

Die wichtigste Regel bei einer
Revolution: Den Kopf behalten.

„Ich bitte mir Unruhe aus", forderte
der Revolutionär.

Die Evolution schneidet die alten
Zöpfe ab, die Revolution gleich den
ganzen Kopf.

Evolution trippelt, Revolution trampelt.

Nach dem Sieg verwandeln sich die
Revolutionäre in Funktionäre.

Die gefährlichen Revolutionäre haben
ihre Waffen im Kopf.

Die Revolutionen waren der
Königsweg zur Abschaffung
der Monarchie.

Risiko

Zu Risiken und Nebenwirkungen
fragen die Amerikaner erst ihren
Arzt und Apotheker, gehen dann aber
gleich zu ihrem Anwalt.

Wird das Risiko ausgeschlossen,
kommt das Unwahrscheinliche durch
den Hintereingang.

Wohlstand macht nicht glücklich,
aber risikoscheu.

Aus der Haut fahren ist Risikosport
für die Seele.

Rom

Wie üppig waren die Mythen der alten
Griechen, Römer und Germanen
gegen den kargen Monotheismus aus
der Wüste.

Schon die alten Römer erkannten,
dass für Plünderung in großem Stil
eine tüchtige Verwaltung nötig ist.

Die dekadenten Gelage der alten
Römer waren zum Kotzen.

Der Glaube soll Berge versetzen,
aber gerade in Rom stehen alle sieben
Hügel unverändert an ihren alten
Stellen.

Nur in Rom kann man sicher sein,
dass die Wege woanders hinführen.

Die Kirche baute selbst keine Wege,
sorgte aber dafür, dass diese nach Rom
führten.

Auf den Wegen nach Rom waren auch
Laster unterwegs.

Im Mittelalter waren die Wege nach
Rom durch Scheiterhaufen erleuchtet.

Heute führen nur noch die
Informationswege zur CD-ROM.

Rose

Die Rose duftet, die Wurzel schuftet.

Wer Rosen will, muss Dornen pflegen.

Natürlich riecht eine Rose besser als
Kartoffeln – aber nicht gebraten.

A rose is a rose is a rose.
(Gertrude Stein)
A dose is a dose is a dose. (Paracelsus)

Setzt frommen Dichtern Rosenkränze
aufs Haupt.

Routine

Dauernde Abwechslung wird auch
zur Routine.

Routine wird spannend, wenn etwas
schiefgegangen ist.

Alles, was nicht Routine ist, verwirrt
die Bürokratie.

Rücksicht

Wenn sie keine Rücksicht nehmen,
bekunden Politiker beschwichtigend
ihr volles Verständnis.

Rücksicht ist eine nostalgische Tugend
geworden.

Auch das Glück kann rücksichtslos
zuschlagen.

Vorsicht in Zeiten, in denen
die Skrupellosen als tüchtig und
die Rücksichtslosen als dynamisch
gelten!

Ruhe

Ruhe ist die erste Pflicht des
Nachbarn.

Nur in der Vergangenheit herrscht
verlässliche Ruhe.

Entropie ist die Sehnsucht der Natur
nach der Ruhe des Gleichgewichtes.

Standpunkte sind intellektuelle
Ruheplätze.

Ruhe heißt weniger Stille, als in Ruhe
gelassen zu werden.

Heutzutage ruft der Berg: „Lasst mich
endlich in Ruhe!"

Ersetzt Lorbeeren durch Dornen, damit sich keiner darauf ausruhen kann.

Für die Börse ist Ruhe Gift.

Solange Nationalhymnen ertönen, wird es keine Ruhe geben auf Erden.

Feierliche Begräbnisse können zur Störung der Totenruhe ausarten.

Welch ein Segen, dass Seelenruhe nicht zu kaufen ist.

Die innere Ruhe ist das endogene Naherholungsgebiet.

In Ruhe lassen kann Nächstenliebe sein.

Rudern

Je mehr Leute im Boot sitzen, desto weniger glauben, auch rudern zu müssen.

Wer ans Ruder kommt, will steuern und nicht rudern.

Alle sitzen in einem Boot; die einen rudern, die anderen angeln, und einige warten auf einen Eisberg.

Ruhm

Der kleine Ruhm verdunstet rasch.

Wer Ruhm sucht, weckt auch Neid.

Dem Ruhm gewachsen zu sein, braucht anderes Talent, als ihn zu erlangen.

Im Glanz des Ruhmes ist die Gefahr des Sonnenstichs nicht zu unterschätzen.

Popularität ist die Volksausgabe des Ruhmes.

Wo Ruhm strahlt, finden sich viele, die sich darin sonnen wollen.

Verblassender Ruhm lässt sich nicht schminken.

Wer sich durch Fleiß schon Ruhm verspricht, der kennt des Glückes Launen nicht.

Wer sich mit Ruhm bekleckert, ist auch noch stolz auf die Flecken.

efinitionen

Rabatt: Abzug des Aufschlags
zur Erlangung des Zuschlags

Radikaler Feminismus: Femischismus

Regenbogenpresse: Bed news are good
news.

Regenbogenpresse: Flitteratur

Regierungswechsel:
Phrasenumwandlung

Reise-Agenturen: Fernweh-Anstalten

Religion: Soul ware

Reue: Den inneren Schweinehund
zur Sau machen

Roboter-Ende: Roste sanft!

Romantik: Beliebter Baustil für
Luftschlösser

Ruhestand: Duty-free-life

Rundschreiben: Botschaft aus dem
Epizentrum

sS S S **S** S S Ss

Sachverstand

Gesunder Menschenverstand
und Sachverstand verhalten sich wie
Bauernschläue zu Agrarökonomie.

Geringer Sachverstand beschleunigt
die Entscheidungen.

Sachverständige werden so lange
für Fachleute gehalten, bis man sie
braucht.

Sarg

Der Sarg ist eine Beziehungskiste
mit dem Tod.

Legt sicherheitshalber die Kreditkarte
mit in den Sarg.

Es ist leichtsinnig, frommen Christen
nicht den Taufschein in den Sarg zu
legen.

Die erste Nacht im Sarg soll die
schlimmste sein.

Schadenfreude

Durch Schaden wird man klug,
und Schadenfreude kann sogar froh
stimmen.

Schadenfreude ist nicht gerade
Nächstenliebe, aber eine Form großer
emotionaler Zuwendung.

Schadenfreude ist die Perversion
der Freude.

Schatten

Geben wir unseren treuen Schatten
endlich die Freiheit!

Beim Versuch, den eigenen Schatten
zu überspringen, ist die Stolpergefahr
erheblich.

Sei auf der Hut, wenn ein anderer
über deinen Schatten springen will.

Probleme in anderem Licht werfen
auch andere Schatten.

Schauspieler

Schlechte Schauspieler spielen
Schauspieler.

Wie schnell kann aus einem Star
eine Schnuppe werden.

Schicksal

Das Schicksal schlägt eigentlich nur zweimal zu: bei der Befruchtung und beim Tod. Dazwischen spielt es nur mit uns.

Der Zögernde lädt das Schicksal ein.

Das Schicksal kann sehr phantasievoll zuschlagen.

Das Schicksal setzt sich über Regeln und Anstand hinweg.

Schlaf

Mit dem Schlaf will uns das Leben auf den Tod vorbereiten.

Der Schlaf ist der scheintote Bruder des Todes.

Schlaf ist virtueller Tod.

Schlagzeilen

Wer in die Schlagzeilen kommt, muss mit Blessuren rechnen.

Der Tod sorgt regelmäßig dafür, dass er in die Schlagzeilen kommt.

Je fetter die Schlagzeile, desto appetitanregender soll sie sein.

Schmerz

Jeder Schmerz ist ein aufdringlicher Gast.

Der Schmerz sollte sich dem Körper mitteilen, aber die Seele in Ruhe lassen.

Schmerz ist die penetranteste Sinneserfahrung.

Der Schmerz ist ein Freund des Todes und der chronische Schmerz ein Verbündeter.

Der Tod kann ein Freund sein, der Schmerz nie.

Großer Schmerz kann zu einem Pakt mit dem Tod zwingen.

Durch den Schmerz finden wir Wege zu uns, die uns anderweitig verschlossen geblieben wären.

Schmerz dehnt die Zeit.

Kleine Schmerzen belästigen, große führen zum Wesentlichen.

Schmerz kann ja so anhänglich werden.

Es gibt kein platonisches Verhältnis zum Schmerz.

Schmerzen sind nie langweilig.

Im Schmerz wird man sich seiner mit höchster Intensität bewusst.

Schmuck

Teurer Schmuck ist das Badekostüm für Leute, die im Geld schwimmen.

Durch ihren Schmuck machen sich eitle Frauen zum Umlaufvermögen.

Teurer Schmuck relativiert den Wert der Trägerin.

Der edelste männliche Schmuck sind Schweißperlen.

Schnecken

Dass die Schnecken die Evolution überlebt haben, ist tröstlich.

Wer zu langsam ist, wird zur Schnecke gemacht.

Schönheit

Schönheit vergeht, Kosmetik besteht.

Pfauenhennen müssen einen Sinn für Schönheit haben: Es ist befremdlich, in welch kleine Gehirne Schönheitssinn passt.

Schönheit braucht eine ganz bestimmte Distanz, darüber und darunter löst sie sich wieder auf.

Schönheitschirurgen versuchen die Spuren der Zeit wegzustraffen.

Den Schönheitschirurgen ist ihr Beruf in fremde Köpfe gestiegen.

Schreibtischtäter

Schreibtischtäter hatten eine Mordsfreude an ihrer Arbeit.

Schulden

Wer ohne Schulden ist, werfe den ersten Schein.

Den Schuldenbergen nach ist die Regierungsmannschaft eine hochalpine Seilschaft.

Schulden bleiben treu.

Mathematisch sind Schulden negatives Vermögen.

Schulter

Wenn dir einer auf die linke Schulter klopft, halte ihm auch die rechte hin.

Schweigen

Im Schweigen redet die Seele.

Wer bewusst schweigt, will etwas damit sagen.

Es gibt nicht nur die Schweigespirale, sondern auch den Angststrudel.

Beredsamkeit offenbart, Schweigen verrätselt.

Das Schönste am Tod ist sein Schweigen.

Schweinehund

Für den inneren Schweinehund gibt es keine Erklärung aus der Evolution; er muss uns zugelaufen sein.

Mensch und innerer Schweinehund leben in enger Symbiose.

Schweiz

Die Schweizer Armee ist nicht da, um das Volk zu schützen, sondern das Geld.

In der Schweiz sind die Straßen sauber und der Schmutz liegt auf den Banken.

Die feste Weltanschauung der Schweizer besteht in einer stabilen Währung.

In der Schweiz sitzen die Beichtväter am Bankschalter.

Die Schweizer haben ihren Käse erfunden, damit sie die großen Löcher mitverkaufen können.

Die Schweizer haben Uhrahnen.

Die Schweizer sagen „parkieren" statt „parken", weil es bei ihnen länger dauert.

Für die schwarzen Schafe der Welt ist die Schweiz ein trockenes Plätzchen.

Die Schweiz hat die Atombombe, sie fällt aber unter das Bankgeheimnis.

Wer in der Schweiz sinnierend auf einer Bank sitzt, von dem wird zwangsläufig angenommen, er habe seine Geheimnummer vergessen.

In der Schweiz zählen die Banken zu den Nationalheiligtümern.

Seele

Die Beichte ist ein Kleiderbad für die Seele.

Hausfriedensbruch wird geahndet, aber Seelenfriedensbruch ist jedem erlaubt.

Hätten clonierte Menschen die gleiche Seele?

Wo sich die Seele befindet? Dort, wo in der Raupe der Schmetterling steckt.

Aus den Wunden der Seele fließen Tränen.

Wenn sich Mensch und Affe nur in knapp zwei Prozent der Gene unterscheiden, so muss darin die Seele wohnen.

Verzichtsübungen sind Gymnastik für die Seele.

Der Körper ist die Garderobe der Seele.

Irgendwann hat jede Seele von ihrem Körper genug.

Der Sitz der Seele ist gefunden: Sie steckt in den synaptischen Spalten.

Der Mensch besteht zu über 60 % aus Wasser; eigentlich ist er das Hydrat seiner Seele.

Wie soll es denn eine Seelenwanderung für alle geben, wo sich viele heute schon kaum e i n Leben leisten können.

Die Seele ist das Phlogiston des Körpers.

Jede Seelenlandschaft hat sumpfige Regionen.

Wie kann eine Seele glücklich sein in Fleisch und Blut?

Die Wunden der Seele können jederzeit wieder aufbrechen.

Der Totenschein ist die behördliche Fluglizenz für die Seele.

Wir müssen schon allein deswegen eine Seele haben, weil sich der Teufel so um uns bemüht.

Der Körper ist eine vorübergehende Einwegverpackung für die unsterbliche Seele.

Im Todeskampf ringen Körper und Seele darum, wer wen im Stich lässt.

Wenn der Seele der Körper zu unwohnlich wird, überlässt sie ihn dem Tod.

Der Tod entbindet die Seele vom Leib.

Sehnsucht

Die Sehnsucht nach Sehnsucht ist die tiefste Sehnsucht.

Marionetten haben Sehnsucht nach einer Schere.

Die Sehnsucht nach Freiheit hat die Menschen immer gefesselt.

Selbsterkenntnis

Der Selbsterkenntnis muss man gewachsen sein.

Selbsterkenntnis ist immer ein Schritt zur Besserung; sie kann sogar zum gerechtfertigten Minderwertig- keitskomplex führen.

Keinen Wunsch nach Selbst- erkenntnis zu haben, ist eine seelische Behinderung.

Wer nach innen geht, hat nur zwei Alternativen: er findet oder verliert sich.

Selbsternannte Experten

Experten werden dann zu Rate gezogen, wenn sie zur Klärung beitragen können; selbsternannte Experten mischen sich am liebsten dort ein, wo sie die meiste Verwirrung stiften können.

Selbstvertrauen

Selbstvertrauen ist gut, Selbstkontrolle ist besser.

Selbstzweck

Der Selbstzweck ist der Tyrann unter den Zwecken.

Sex

Wenn die Natur nicht den Sex erfunden hätte, wäre das Interesse an der Fortpflanzung bei den höheren Lebewesen möglicherweise schon erloschen.

Für die Sexualität sorgt der Drüsenantrieb.

Die sexuelle Revolution ist beendet: die Viren haben gewonnen.

Sicherheit

Die Forderung nach totaler Sicherheit ist ebenso absoluter Unsinn, wie die Forderung nach absoluter Sicherheit totaler Unsinn ist.

Sinn

Wo Luxus herrscht, besteht Mangel an Sinn.

Fange nicht an, nach dem Sinn des Lebens zu fragen, bevor du sicher bist, dass es dir nichts ausmacht, keine Antwort zu finden.

Unsere Sinne täuschen uns, aber sie tun es zweckmäßig.

Sinn geht in Fülle immer unter.

Entweder du fragst nach dem Sinn des Lebens oder nach dem Sinn des Todes – beides zusammen schließt sich gegenseitig aus.

Wir werden mit Robotern alles herstellen können, nur keinen Sinn.

Es gibt Dringlicheres im Leben, als nach seinem Sinn zu suchen, aber es gibt nichts Wichtigeres.

Der Sinn des Lebens kann nur jenseits unserer Sinne liegen.

Gelegenheiten zur Besinnung musst du dir schaffen, solche zur Abwechslung drängen sich auf.

Alles hat seinen Sinn und nichts ist ohne Unsinn.

Sonne

Die Sonne macht jeden Tag einen großen Bogen um die Erde.

Die Sonne sieht nie die dunkle Seite der Erde.

Gott schenkte uns die Sonne, und wir weihen ihm Kerzen.

Die Sonne strahlt uns an, und wir werfen Schatten.

Sorgen

Sorgen schwimmen auf dem Alkohol, aber gute Vorsätze gehen unter.

Die Sorgen von heute sind die Folgen der Wünsche von gestern.

Die Natur schenkt uns nur das nackte Leben, für alles andere müssen wir selbst sorgen.

Arbeit macht müde, Sorgen machen mürbe.

Sozialsystem

Irgendwann wird unser Sozialsystem auch noch die Umschulung vom Weihnachtsmann zum Osterhasen bezahlen.

Spaß

Der Spaß droht, zum Sinn
des modernen Lebens zu werden.

Spatz

Die Spatzen auf dem Dach wissen als
erste, welches Pferd den meisten Mist
macht.

Spezialist(en)

Ein Spezialist beherrscht sein Gebiet,
ein Experte liebt es.

Der Spezialist steht immer in der
Gefahr, sich in dem Brett vor seinem
Kopf zu verbohren.

Sport

Das gefährlichste Dopingmittel im
Sport ist das Geld.

Sportler-Regel: Reden ist Silber,
Schwitzen ist Gold.

Sport ist das einzige gesellschaftliche
Ereignis, bei dem Millionäre sich
wenigstens für kurze Zeit bei der
Arbeit zuschauen lassen.

Sprache

In ihren Sprachen wohnen die Seelen
der Völker.

Eine Sprache wird erst beherrscht,
wenn sich einer darin elegant heraus-
reden kann.

Wer tote Sprachen lernt, erhöht
seine Unterhaltungschancen am
Jüngsten Tag.

Die Sprache erfindet lieber
neue Wörter, als aufgegebene wieder
aufzunehmen.

Sprichwörter

Sprichwörter sind ins Banale
gerutschte Weisheiten.

Sprichwörter sind verbale Volkskunst.

Staat

Das Staatsschiff wird von der
Steuerschraube angetrieben.

Vater Staat ist der einzige Vater, bei
dem die Kinder die Alimente zahlen.

Die Staatsmaschine wird von lauter
Rätchen bewegt.

Am meisten verdient der Staat an Dingen, die für seine Bürger eine Gefahr bedeuten: Benzin, Tabak, Alkohol.

Der Staat ist ein Saftladen, der die Bürger auspresst.

Stallgeruch

Den Stallgeruch bestimmen die Stinkstiefel.

Stammbaum

Je älter der Stammbaum, desto mehr Fallobst.

Die aufgeklärte Menschheit führt ihren Stammbaum auf Darwin zurück.

Darwin war der erste Mensch, der es wagte, den Affen in seinen Stammbaum aufzunehmen.

Der Mensch stammt vom Affen ab, es sei denn, er hat einen Stammbaum.

Das Samenkorn eines jeden Stammbaumes war ein Emporkömmling.

Je älter ein Stammbaum ist, um so häufiger trägt er Früchtchen.

Standpunkt

Ein Standpunkt ist in der Regel der Schnittpunkt eigener Interessen, untermauert von den jeweils passenden Vorurteilen.

Am schwierigsten ist der Sprung über den eigenen Schatten von einem festen Standpunkt aus.

Statistik (er)

Kann man mit der Statistik das Glück erfassen? Zum Glück nicht!

Die Statistik hat Platz für jeden, aber Hilfe für keinen.

Statistik, die etwas wert ist, ist wertfrei.

Die beliebteste Nutzung der Statistik ist ihr Missbrauch.

Der Tod muss auch ein guter Statistiker sein, sonst wäre die mittlere Lebenserwartung nicht eine so präzise Größe.

Staub

Jeder will Staub aufwirbeln, aber keiner will wischen.

Sterben

Das Sterben würdigt uns herab,
der Tod gibt uns die Würde zurück.

Der Tod ist menschenfreundlich:
Er hilft jedem beim Sterben.

Modernes Sterben: Die Herz-Lungen-
Maschine erhielt die letzte Ölung.

Steuer

Irgendwann wird der Staat auch
die innere Bereicherung versteuern
wollen.

Ohne Steuern muss die Freiheit wohl
grenzenlos sein.

Und der Herr sprach: Ihr sollt euer
Brot im Schweiße eures Angesichtes
essen und eure Steuern mit Zorn im
Herzen zahlen.

Es wäre lohnender für den Staat,
statt der Vergnügungssteuer eine
Verärgerungssteuer zu erheben.

Steuererklärung

Eine gute Steuererklärung ist
ein Armutszeugnis.

Stichelei

Die Aufgeblasenen fürchten sich zu
Recht vor Sticheleien.

Stoiker / Stoizismus

Ein Stoiker ist ein Zweifler, der nicht
verzweifelt.

Stoizismus macht aus dem Tod eine
Tugend.

Die höchste Form des Stoizismus:
Mit den Gedanken an den eigenen Tod
spielen.

Strom

Wer heute zu langsam mit dem Strom
schwimmt, gerät in Verdacht, gegen
ihn zu schwimmen.

Auch wer mit dem Strom der Zeit
schwimmt, ist nicht davor sicher, in
einen Strudel zu geraten.

Wer mit dem Strom schwimmt,
wird im Brackwasser enden.

Sünde

Wen der Teufel einmal bei einer Sünde
erwischt hat, dem verschafft er laufend
neue Gelegenheiten.

Weg mit der Erbsünde, wir wollen
unsere eigenen machen.

Gegensätze ziehen sich an:
Sündenbock sucht Opferlamm.

Freie Menschen sind wir erst durch
die Sünde im Paradies geworden.

Sündenböcken wird keine Schonzeit
gewährt.

Die Erbsünde macht aus uns alle
Vorbestrafte, also gehören wir ins
Polizeiregister.

Die meisten Sündenregister bestehen
aus Dunkelziffern.

Die Erbsünde müsste in unserem
Genom stecken.

efinitionen

Sandstrahlgebläse: Sturm der Entrostung

Sarg: Endzweckmöbel

Schadenfreude: Gallenhumor des Neides

Schamröte: Altmodisches Make-up

Scharfe Zunge: Verbale Machete

Schlagworte: Dreschflegel für leeres Stroh

Schlagworte: Schlagbäume für das Denken

Schlagzeile: Informations-Knüppel

Schlechtes Gewissen: Überfunktion der Schulddrüse

Schönheitsoperation: Dermatolüge

Schutzpatron der Börse: St. Spekulantius

Schwere Parfüms: Pheromon-Keulen

Selbstgespräche: Vorsicht, das Gewissen hört mit!

Selbstmord: Der Versuch, sich beim Tod einzuschmeicheln

Selbstmord: End-Scheidung

Sentimentalität: Oberflächliche Gefühlstiefe

Serendipity: Wenn Zufall und Scharfsinn zusammentreffen

Silikon Valley: Dekolleté von Filmsternchen

Skrupel: Vorrauseilende Reue

Small talk: Banal-Konversation

Small talk: Das Gehirn läuft hochtourig im Leerlauf

Sozialismus: Der Arbeiter ist gut, aber die Funktionäre sind besser.

Sparer: Zins-Fuss-Volk

Spielkasino: Zeitvertreibhaus

Spin-offs: Fallobst vom Baum der Erkenntnis

Sportwagen: Autos für Leute, die keinen Sport mehr wagen

Sprichwort: Domestiziertes geflügeltes Wort

Sticheln: Psychische Akupunktur

Stille: Akustischer Notstand

Stoiker: Fanatiker der Anteilslosigkeit

Styx: Wir kommen alle in das selbe Boot

TTTTTTTT

Talent

Um etwas gut zu können, ist
Begabung nötig, für gute Taten
braucht man kein Talent.

Die falsche Einschätzung von Talent
ist immer eine Gefahr – bei sich selbst
wie bei anderen.

Tanz

Moderne Tänze bestehen nur noch
aus Wackelkontakten.

Teufel

Die Fallen des Teufels sind nicht
versteckt; im Gegenteil: Sie haben
große, verlockende Eingänge.

Neben den Details ist die Gerüchte-
küche des Teufels liebster Aufenthalt.

Mit eitlen Seelen wird der Teufel
leichter fertig als Gott.

Der Teufel steckt im Detail, aber im
Luxus macht er sich breit.

Gott kennt unsere Hoffnungen,
der Teufel unsere Begehrlichkeiten.

Dem Teufel ist es lieber, wenn nicht
an ihn geglaubt wird.

Theoretiker

Der Unterschied zwischen
Theoretikern und Praktikern ist
wie der zwischen Germanisten und
Germanen.

Theoretiker vertrauen der Theorie,
Praktiker glauben an sich.

Ein Theoretiker ohne Praxis ist soviel
wert wie ein Theologe, der noch nie
im Himmel war.

Der Theoretiker will die Praxis
verstehen, nicht beherrschen.

Ein Theoretiker ist jemand, der mehr
Formeln braucht als nötig sind, um
zu beschreiben, was er nicht erklären
kann.

Wenn ein Theoretiker etwas erklärt,
versteht man am Ende nicht einmal
mehr, was man gefragt hat.

Theorie

Je grauer die Theorie, desto bunter
geht es in der Praxis zu.

Im Theoriengebäude spukt
der Zweifel.

Vertrauen verdienen nur Theorien,
die sich zu ihren Grenzen bekennen.

Jedes Theoriengebäude steht auf einem Fundament aus Praxis oder es versinkt.

Theorie und Praxis verhalten sich zueinander wie Rezept und Mahlzeit.

Die Theorie ist verlässlicher, die Praxis lohnender.

Theorien, aus denen sich keine Faustregeln ableiten lassen, erreichen die Praxis nicht.

Theorie und Praxis sind Partner, aber nicht unbedingt Freunde.

Für die meisten Theorien zählt die Praxis zu den Randbedingungen.

Theorie erklärt, Praxis lehrt.

Jede Theorie muss einmal über die Klinge der Praxis springen.

Theoretisch ist der Löwe der König der Tiere, praktisch ist es der Wurm.

Tiere

Tiere, die keine Brutpflege treiben, überlassen ihren zahlreichen Nachwuchs Mutter Natur und Vater Zufall.

Alle Tiere, die der Mensch domestiziert hat, wurden dadurch friedlicher, nur er selbst nicht.

Tischordnung

Die beste Tischordnung ist die, bei der die Gäste mit den gleichen Krankheiten zusammen sitzen.

Titel

In manchen Ländern gilt jemand ohne Titel als Nudist.

Auch für Titel gilt: Das Etikett sollte nicht größer sein als die Flasche.

Tod

Der Tod ist der Beginn des postvitalen Daseins.

Der Tod ist nie homöopathisch.

Sich seines Todes sicher zu fühlen, ist auch eine Art Urvertrauen.

Der Tod ist die letzte Trumpfkarte, die Gott im Ärmel hat.

Der Tod trifft den Sargnagel immer auf den Kopf.

Der Tod kennt keine Privatpatienten.

Der Tod ist eine Rückrufaktion Gottes.

Dem Tod fällt immer wieder Neues ein.

Der Tod ist eine flüchtige Bekanntschaft, die für die Ewigkeit dauert.

Der Tod ist Monopolist, er hat keinen Wettbewerber.

Die Devise des Todes: Vorbei sein ist alles.

Alles, was über den Tod schon gesagt wurde, lässt ihn kalt.

Auf den Tod ist Verlass wie auf keinen sonst.

Wir werden immer beschattet: vom Tod.

Früher musste der Tod oft beschwerliche Wege gehen, heute benutzt er gerne die Straßen.

Respekt vor dem Tod: Er leistet eine Knochenarbeit!

Die Würde des Todes: Wenn Körper und Seele sich still verabschieden.

In unserem Zeitalter des Marketings müssten sich Beerdigungsinstitute in „Reisebüros für das Jenseits" umbenennen.

Der Fluchtpunkt aller Lebenslinien ist der Tod.

Der Tod ist die Asymptote des Lebens.

Ein zu früher Tod raubt einem das Leben, ein zu später Tod nimmt einem die Würde.

Für den Tod ist jedes Leben vollendet.

Tod als Erlösung

Ein stiller Tod: Wenig Lärm um alles.

Bedenke: Der Tod ist immer in Rufweite – das gilt wechselseitig.

Der Tod ist anstrengend, aber hinterher kann man sich ewig lang ausruhen.

Wer ringt mit dem Tod – unser Körper oder unsere Seele?

Tod als Schicksal

Mit jedem Atemzug fahren wir dem Tod ein Stück entgegen.

„Es passiert nur einmal", tröstet der Tod.

Wir können den Tod vergessen, aber er vergisst uns nicht.

Der Tod kann ein ganzes Leben verpfuschen.

Man kann den Tod verachten, aber er lässt sich nicht bagatellisieren.

Für Atheisten ist der Tod das Letzte.

Todesanzeigen

Todesanzeigen erfreuen sich lebhaften Interesses.

Todesstrafe

Wenn Gott noch einmal seinen Sohn schickt, dann bestimmt nicht mehr in ein Land, in dem es noch die Todesstrafe gibt.

Touristen

Abenteuertouristen zieht es zu Orten, wo sie nichts zu suchen haben.

Der Weg ist das Ziel. (Buddhismus)
Weg sein ist das Ziel. (Tourismus)

Tradition

Die Fußstapfen der Tradition führen nach rückwärts.

Wir müssen die Tradition so hochhalten, dass keiner auf die Idee kommt, sich daran festhalten zu wollen.

Tradition ist das, was wir aus der Vergangenheit zur Stärkung mitnehmen.

Tradition ist das Image einer Vergangenheit, die eine ganz andere war.

Traditionen sind die Rechte, die wir unseren Vorfahren einräumen.

Die Traditionalisten lassen sich die Zukunftsmusik von der Trachtenkapelle spielen.

Trinker

Die Grenze zwischen Trinker und Säufer ist fließend.

Trinker haben ein schweres Schlucksal.

Lieber Kettentrinker als Quartalsraucher.

Trinker tröstet Euch, Gott sieht Euch ins Herz, aber nicht auf die Leber.

Wo man trinkt, da lass dich nieder, Trinker trinken immer wieder.

Trivial

Die Sensationalisierung von
Trivialitäten ist das Erfolgsgeheimnis
der Boulevardpresse.

Tugend

Früher war Tugend gefragt, heute zählt
nur Tauglichkeit.

Armut und Reichtum fordern jeweils
andere Tugenden.

Vom mühsamen Pfad der Tugend
zweigen bequeme Wege zu den
Lastern ab.

So wie aus Not Tugend werden kann,
so wird aus Überfluss Laster.

Lieber eine Tüte Tugend als ein Sack
voller Laster.

Tugenden schlagen bei Übertreibung
ins Gegenteil um.

Tugend muss mehr sein, als keine
Laster zu haben.

efinitionen

Taufschein: One-way-ticket ins Paradies

Testament: Letzte Gelegenheit zur Rache vor der Fahrt ins Jenseits

Titel für den Dekan der Wirtschaftswissenschaften: Rentabilität

Titel für Milliardäre: Seine Nullität

Tod: Absoluter Nullpunkt der Lebensqualität

Tod: Ultimativster Abenteuerurlaub

Totalitäre Regime: Gesinnung zählt mehr als Leistung

Touristen-Lob: Hier ist es fast so schön wie im Fernsehen

Trachten: Traditions-Smoking

Traumjob: Besitzer eines Luftschlosses

Trinker-Grabspruch: Friede seiner Flasche

Trost: Seelische Wundpflege

Tugend-Pfadfinder: Ethiker

UUUUUUUU

Übertreibung

Übertreibung verunstaltet alles, selbst Schönheit.

Wer nicht übertreibt, wird überhört.

Übervölkerung

Die Übervölkerung ist eine Folge von Über-Zeugung.

Umweltschutz

Umweltschutz kann man mit dem Herzen wollen, aber man kann ihn nur mit Wissen und Verstand machen.

Der aktive Beitrag der Politiker zum Umweltschutz ist die Wiederverwendung leerer Worthülsen.

Recycelt die Flaschen – schickt mehr Flaschenpost.

Irgendwann hängt der Himmel voller Geigerzähler.

Hoffentlich wird das Paradies mit der Abwärme der Hölle geheizt.

Die größte Gefahr für die Umwelt ist das blinde Vertrauen in die Selbstheilungskraft der Natur.

Umweltschutz und Bürokratie ergeben eine teuflische Mischung.

Allein aus Gründen des Umweltschutzes sind Kriege zu verbieten.

Nestbeschmutzung ist eine hinterhältige Umweltverschmutzung.

Was nur Schall ist oder Rauch, das verschmutzt die Umwelt auch.

Unfall

In jedem Auto steckt die Chance zu einem unvergesslichen Unfall.

Ein Unfall macht aus Auto und Mensch eine Schicksalsgemeinschaft.

Zu viele Vorsorgemaßnahmen erhöhen die Unfallträchtigkeit.

Unfälle werden gerne zu Katastrophen hochjournalisiert.

Unfehlbarkeit

Als er die Entscheidung zu seiner Unfehlbarkeit traf, war der damalige Papst noch nicht unfehlbar.

Unfruchtbarkeit

Es kann nicht mehr lange dauern,
und die Menschheit wird eine Göttin
der Unfruchtbarkeit anbeten.

Unglück

Ein Unglück kommt selten, wenn
man allein ist.

Das Glück streift uns, das Unglück
rempelt.

Das Glück ist blind, das Unglück
aber hat ein Zielfernrohr.

Ein Unglück, das dich ändert, ist mehr
wert als ein Glück, das dich übermütig
macht.

Das Unglück ist anhänglicher
als das Glück.

Das Unglück der anderen wird von
allen Seiten betrachtet – um es recht
genießen zu können.

Glück trägt uns, Unglück will
ertragen sein.

Resignation schließt Frieden mit
dem Unglück.

Unrecht

Unrecht nimmt sich immer alles,
was ihm gewährt wird.

Wo zum Schweigen gebracht wird,
geschieht schreiendes Unrecht.

Unsterblich

Unsterblich ist der Wunsch nach
Unsterblichkeit.

Unterhaltung

In unserer Unterhaltungsgesellschaft
findet die Aufstellung der Nationalelf
mehr Aufmerksamkeit als die
Zusammenstellung der Kabinettsliste.

Untertassen

Leute, die an fliegende Untertassen
glauben, haben auch sonst nicht alle
im Schrank.

Urknall

Nach neuesten Berechnungen war
der Urknall so gewaltig, dass es
wissenschaftlich geraten ist, sich um
Gott ernsthafte Sorgen zu machen.

Vielleicht war der Urknall ein
misslungenes Experiment Gottes.

War der Urknall Gottes Startschuss für
die Evolution?

Urlaub

Ihre ruhigste Zeit haben die Urlauber
im Stau.

Im Urlaub steigt die Unternehmungs-
lust, damit man nicht ins Grübeln
über sein Leben kommt.

Das Leben ist ein Urlaub aus
dem Nichts.

Ein Fiasko macht jeden Urlaub
unvergesslich.

Urlaube sind anstrengend, erholsam
sind nur noch leichte Erkrankungen.

Urteil

Wer lobt, maßt sich Urteil an.

Ein Urteil wird gefällt, ein Vorurteil
erhebt sich immer wieder.

Erfahrung gibt Urteilsmut, Wissen
schenkt Urteilskraft.

Utopie

Ohne Utopien verläuft das Leben
realistischer, aber auch farbloser.

Utopien sind Luxus-Lebenslügen.

Die Wirkung von Utopien hängt von
ihrer Dosis ab.

efinitionen

Überfluss: Eutrophie des Wohlstands

Umsatz: Wichtigster Satz der
Betriebswirtschaftslehre

Universalsprache: Small talk

Universität: Wenn du alles verstehst,
bist du im falschen Kurs.

Unsterblichkeit: Unsere Seele macht
sich aus dem Staub.

Uraufführung: Zuerst macht
das Orchester Lärm, dann schlägt das
Publikum Krach.

Urlaubskarte: Bild vom Soll-Zustand

Utopien: Zukunftsausschweifungen

vVV**V**V**V**VVv

Vegetarier

Die Vegetarier sollten schon mal das Wiederkäuen einüben.

Die Vegetarierin nahm statt der Pille jeweils eine Knoblauchzehe.

Vollblutvegetarier nehmen es tierisch ernst.

Vegetarier sterben nicht, sie welken dahin.

Vergangenheit

Die Vergangenheit ist die Deponie für verbrauchte Zukunft.

Wer in die Vergangenheit eintaucht und unverändert zurückkommt, hat nichts verstanden.

Der Tod reißt uns plötzlich in die Vergangenheit.

Verhältnis

Man sollte kein Verhältnis anfangen, bevor man nicht darüber geschlafen hat.

Verkehr

Die Verkehrsberuhigung erhitzt die Gemüter.

Verstand

Der sorglose Umgang mit einem scharfen Verstand birgt erhebliche Verletzungsgefahr.

Unser Verstand sucht nach Erkenntnis, unsere Seele nach Erlösung.

Glaube braucht Vertrauen, Beweise richten sich nur an den Verstand.

Intelligente Leute laufen Gefahr, dass ihnen der Verstand in den Kopf steigt.

Verstand versteht, Vernunft begreift.

Verstand ist eine Gabe, Vernunft muss erworben werden.

Vertrauen

Verschenke dein Vertrauen nicht unter Wert.

Vertrauen lässt sich nicht kaufen, aber verspielen.

Vertrauen bekommt man geschenkt oder gar nicht.

Je blauäugiger, desto blinder
das Vertrauen.

Vertrauen ist gut, Kondome sind
besser.

Wie oft beruht das Vertrauen in uns
auf Unkenntnis über uns.

Gegenseitiges Vertrauen ist die
Holzwolle in der Beziehungskiste.

Zyniker verschenken ihr Vertrauen
nicht, sie lassen es sich abkaufen.

Schenke einem Menschen Vertrauen,
erst dann erkennst du, ob er es
rechtfertigen oder ausnutzen will.

Vertuschung

Durch Fehler wird man klug, durch
Vertuschung raffiniert.

Verzicht

Das einzige, was in naher Zukunft
noch wachsen darf, ist der Verzicht.

Die Freiheit des Verzichts kennt
keine Grenzen.

Viren

Viren und Bakterien sind die
Untergrundkämpfer des Todes.

Vögel

Die Vögel in unseren Köpfen sind
ausgesprochene Nesthocker.

In der Anpassung an die Umwelt-
bedingungen sind Vögel federführend
in der Evolution.

Volk

Jedes Volk hat die Regierung, für die
es verdient.

Das Volk ist Opium für Führer
aller Art.

Kein Volk verdient, was ihm im
Wahlkampf versprochen wird.

Abgeordnete sind immun gegen
das Volk.

Früher wurde einmal propagiert, wir
seien ein Volk ohne Raum, und heute
fehlen uns Parkplätze.

Alle Macht geht dem Volke aus.

Vorbilder

Die schlechten Vorbilder sind
beliebter, denn sie lassen sich leichter
nachahmen.

Vorhaben

Bei jedem Vorhaben gibt es
Macher und Mahner, Mitmacher und
Miesmacher.

Vorlesung

Je trockener eine Vorlesung ist, desto
mehr Studenten lassen sie ins Wasser
fallen.

Vorsätze

Es ist leichter, mit guten Vorsätzen
voranzugehen als mit gutem Beispiel.

Vorsätze können über Nacht
verschwinden, Vorurteile bleiben.

Das Dilemma beginnt, wenn die
guten Vorsätze für das neue Jahr auf
die schlechten Gewohnheiten des
alten stoßen.

Vorstellung

Wenn ich Ihren Vorstellungen nicht
entspreche, so ist das Ihr Problem und
nicht meines.

Vorteil

Wenn die Menschen ihren Vorteil
suchen, vertreten sie zur Tarnung ihre
Interessen.

Wer seinen Vorteil sucht, übt keine
Nachsicht.

Sucht einer seinen Vorteil, zeigt er
sogar seine Nachteile.

Vorteile stärken Vorurteile.

Vorurteile

Je weicher die Birne, desto fester
die Vorurteile.

Erfahrungen sind der Stoff, aus
dem die festesten Vorurteile gemacht
werden.

Vorurteile sind die Denkschablonen
sowohl der Denkfaulen als auch der
Schnelldenker.

Es ist schwer, vorurteilsfrei zuzuhören,
vor allem sich selbst.

Gemeinsame Vorurteile binden fest.

Vorurteile wurzeln tief bis
ins Stammhirn.

Vorurteile sind Antennen für Parolen.

Jeder ist der beste Verteidiger seiner
Vorurteile.

Wir halten für klug, wer unsere
Vorurteile teilt.

Wer Vorurteile sät, wird
Fehlentscheidungen ernten.

Vorurteile sind infektiös.

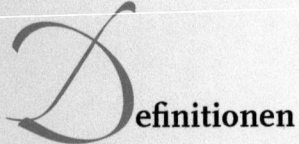efinitionen

Vacuumhang: Des Kaisers neuer Mantel

Vatertag: Pantoffelhelden-Gedenktag

Verbrechen der Historiker: Verbrecher zu Helden zu machen

Vergessen: Mentales clean-up

Verhandlungsergebnis: Kompromist

Verkalkung: Cerebrale Inkrustation

Verkehrszeichen: Autoglyphen

Vernunftehe: Mann & Frau

Vielologie: Lehre von der Habgier

Vorahnung: Neuronales Wetterleuchten

Vorurteile: Blinde Flecken im Weltbild

Vorurteile: Sackgassen im Kopf

W W W W W w

Wachstum

Ohne Wachstum wächst die
Unzufriedenheit.

Alles wächst, auch die Abschwächung
des Wachstums.

Stetig anhaltendes Wachstum ist kein
nachhaltiges Ziel.

Währung

Es ist besser, die Währungen kämpfen
gegeneinander als die Völker.

Wahrheit

Das Körnchen Wahrheit, das lange in
einer Lüge steckt, wird zu einer Perle.

Im Unerforschten ist die Wahrheit
leichter zu finden als unter Lügen.

Die Wahrheit ist eine Droge, die sehr
leicht in die Abhängigkeit führt.

Die Versuchung, die nackte Wahrheit
zu schmücken, ist groß.

Zu Risiken und Nebenwirkungen der
Wahrheit fragen Sie die Geschichte.

Es gibt wenige tiefe Wahrheiten,
die Nachfrage ist zu oberflächlich.

Der Sand im Getriebe kann aus vielen
kleinen Körnchen Wahrheit bestehen.

Die nackte Wahrheit ist dem
gerüsteten Irrtum anfangs immer
unterlegen.

Wem reiner Wein eingeschenkt wird,
gerät leicht in Gärung.

Die größte Sünde wider die Wahrheit
ist der Glaube, sie zu besitzen.

Sei wachsam, wenn einer die
Wahrheit sagt: er könnte etwas im
Schilde führen.

Auch für die Wahrheit gibt es eine
optimale Dosis.

Die Wahrheit ist eine Medizin mit
hohen Risiken und Nebenwirkungen.

Lügendetektoren sind die falsche
Lösung für ein echtes Problem;
es wären Wahrheitsdetektoren gefragt.

Auch alte Wahrheiten sind nackt noch
am schönsten.

In den Justizpalästen residiert das
Recht, die Wahrheit wohnt in den
Herzen.

Waschlappen

Waschlappen werfen zuerst
das Handtuch.

Weihnachten

Wenn die Kassen aufgehört haben zu klingeln, kann das Läuten beginnen.

Wein

Bücher über Weine haben zu oft ein elitäres Bouquet.

Wein löst den Kalk von der Seele.

Altes Winzerwort: Reben sind Silber, Weine sind Gold.

St. Spiritus: Der beliebteste Heilige, auch heiliger Weingeist genannt.

Weinkenner genießen weniger den Wein als ihre Kennerschaft.

Ein schöner Gruß vom Weinberg ist die beliebteste Flaschenpost.

Auf der Weinstraße fährt man wie durch eine Weinkarte.

Die guten Weinberge drehen der Sonne ihren breiten Buckel zu.

Zu den Weintrinkern gesellt sich Gott gerne, der Teufel hockt sich zu den Säufern.

Der Weinsammler berauscht sich an den Flaschen, nicht am Inhalt.

Gedanken über den Wein sind andere als Gedanken beim Wein.

Weisheit

Wissen erhellt, Weisheit erleuchtet.

Weisheit hat wenige Quellen, die Dummheit sprudelt überall.

Intelligenz sucht nach Prinzipien, Weisheit nach Werten.

Mühsame Pfade führen zur Weisheit, breit sind die Wege zur Torheit.

Weisheit ist kein Weg zum Glück, aber der einzige aus dem Unglück.

Welt

Die Welt ist ein globales Dorf, und der Saustall wird immer größer.

Die Weltschlager sind die Dorfmusik fürs global village.

Erkenntnis macht die Welt heller, aber nicht wärmer.

Die Welt ist nicht so viel schlechter geworden wie die Presse besser.

Für eine gute Welt zu beten erleichtert weniger, als die ganze Welt zu verfluchen.

Man kann für diese Welt zu gut sein,
aber niemals zu schlecht.

Wichtiger als in die Welt hinaus zu
gehen, ist es, sich ihr zu öffnen.

Wie sicher wäre die Welt, wenn
die Verbrecher so langsam wären
wie die Gerichte.

Die Welt ist noch nicht vollendet,
deshalb fühlt sich die Menschheit
aufgerufen, sie fertig zu machen.

Werte

In unserer modernen Industrie-
gesellschaft sind die inneren Werte
wichtig, vor allem die Cholesterin-
und Leberwerte.

Wesentlich

Oft besteht der Fortschritt darin,
das Wesentliche im Unscheinbaren
zu entdecken.

Das Eigentliche verhält sich zum
Wesentlichen wie das Ei zum Eigelb.

In den Hauptsachen steckt
das Wesentliche, in den Details
schlummert das Aufregende.

Widerstand

Die Evolution lehrt, dass
Ausweichen erfolgreicher sein kann,
als Widerstand zu leisten.

Windkraftwerke

Die Windkraftwerke bilden
den Übergang von der Umwelt-
verschmutzung zur Landschafts-
verschandelung.

Die Energie der Windkraftwerke
reicht gerade, um sie bei Windstille zu
drehen.

Bei schwüler Windstille sollten die
Windkraftwerke mit Atomstrom als
Ventilatoren laufen.

Wenn die Windkraftwerke ohne
Subverntionen arbeiten könnten,
müsste es so windig sein, dass es
ungemütlich wäre.

Wirtschaft

Wo die Wirtschaft wächst, ist sie im
Wandel begriffen, wo sie schrumpft,
wird sie zum Wandel gezwungen.

Wissen

Wissen ist Macht, aber Nichtwissen ist nicht Machtlosigkeit, sondern Hilflosigkeit.

Wissen ist erst Macht, wenn man weiß, was man damit machen kann.

Wissen ist am mächtigsten, wenn es missbraucht wird.

Was einer weiß, ist immer zu wenig; was einer nicht weiß, ist immer zu viel.

Dem Unwissenden scheint auch das Unwesentliche wichtig.

Sachkenntnis ist das Wissen der Experten, Herrschaftswissen ist die Kenntnis über die Experten.

Je weniger einer weiß, desto mehr hält er für möglich.

Wer wissend ist, hat die Gnade der Schuldlosigkeit aufgegeben.

Deren Wissen bescheiden ist, halten sich gerne für Bescheidwisser.

Dass Wissen Macht ist, ist das gefährlichste Wissen.

Wissenschaft(ler)

Der Wissenschaftler steht immer mit einem Bein in der Theorie.

Die Wissenschaft kann weder entscheiden, ob es einen Gott gibt, noch, ob wir einen brauchen.

Der Gott der Wissenschaft ist die Wahrheit.

Wissenschaft ist das Bekenntnis zur Suche nach Erkenntnis.

Wissenschaft spendet keinen Trost.

Die Wissenschaft schreitet forsch voran, sie lässt viele mit allerlei Zweifeln zurück.

Der Zweifel ist eine notwendige Berufskrankheit für den Wissenschaftler.

In den Wissenschaften gibt es keine höheren Instanzen als das Experiment.

In der Wissenschaft zählt kein Image, sondern nur die Leistung.

Der Staat verordnet der Wissenschaft Bulimie.

Die letzte verbleibende Weltmacht wird die Wissenschaft sein.

Wohlstand

Die Deutschen haben zu spät bemerkt, dass ihre Wohlfahrt ins Blaue zu roten Zahlen führt.

Wer durch Wohlstand kein Glück empfindet, glaubt gern, es liege daran, dass er noch nicht genug davon hat.

In Wohlstandsgesellschaften verbreitet sich das Gefühl, high life sei wichtiger als high tech.

Im Wohlstand bringt jede Änderung die Gesellschaft zum Maulen.

Wolf

Der Wolf im Schafspelz wedelt mit dem Schwanz, wenn man ihm eine Freude macht.

Worte

Wie gut, dass wenigstens die Worte spurlos verschwinden; die Welt würde sonst ersticken.

Worte, die daneben gehen, verfehlen selten ihre Wirkung.

Wer das Richtige sagt, bei dem sind die Worte egal.

Wünsche

Fataler Krankheitsverlauf: Die Zahl der Wünsche wird immer kleiner und die der Befürchtungen immer größer.

Unsere Wünsche sind Wanderdünen, die das jeweils Erreichte immer wieder zuschütten.

Die Abwesenheit von Wünschen ist eine besonders tiefe Form von Glück.

Viele kleine Wünsche sind des starken Willens Tod.

Unsere Wünsche, die sich nicht erfüllen lassen, sind das Saatgut für Frustrationen.

Die Menschen legen gerne ihre Wünsche in Gottes Hand, aber er kennt auch ihre Motive.

Sei vorsichtig mit deinen großen Wünschen, vielleicht gehen sie in Erfüllung.

Die Erfüllung eines Wunsches ist dessen Tod.

Der letzte Wunsch: Ein bequemer Sarg mit Handy und TV.

Wüste

Die Wüste lebt, die Brave vegetiert nur so dahin.

efinitionen

Wahlkampf: Organisiertes Versprechen

Wahlkampf: Politischer Voodoo-Kult

Wahlkampf-Veranstaltung: Versuch zur Erregung öffentlicher Zustimmung

Wahlvolk: Stimmvieh und Konsumherde

Wegwerfgesellschaft: Go waste!

Weibliche Fachleute: Experteusen

Weihnachten: Familien-Feste-Druff

Weihrauch: Theo-Deo

Weinen: Psychohydraulische Entlastung

Weinen: Gefühlsflut tritt über die Ufer

Weinfreuden: Das Gegenteil von Freude am Weinen

Weitverbreitetes Adelsgeschlecht: Die „von Obenherab"

Weltall: Vakuumwelt

Werbung: Reden ist Silber, Schönreden ist Gold.

Windkraftwerke: Hochsubventionierte Gebetsmühlen der neuen Ökopriester

Wirtschaftswunder, das erwartet wird: Die Leute werden sich noch wundern!

Wohlfahrtsstaat: Nehmokratie

Wut: Geballte Gefühle

zzzZ**Z**ZzZz

Zahlen

Zahlen machen Lügen vertrauens-
würdiger.

Für ein Unternehmen mit roten
Zahlen sieht es schwarz aus.

Auch mit Zahlen lassen sich Märchen
erzählen.

Die Theorie kennt gerade und unge-
rade Zahlen, in der Praxis zählen die
runden.

Zähne

Auf den dritten Zähnen wachsen
die Haare am besten.

Zeit

Der Mensch hat die Zeit u(h)rbar
gemacht.

Den Unglücklichen tröstet die Zeit,
dem Glücklichen läuft sie davon.

Zeit ist Geld, Freizeit ist Gold.

Die Uhr muss die Zeit zerhacken, um
sie zu messen.

Das Schönste an der guten alten Zeit
ist, nicht mehr darin leben zu müssen.

Die Zeit, die wir totschlagen, schenken
wir dem Tod.

Der Tod kann in Ruhe warten – die
Zeit trägt ihm jeden zu.

Zeitgeist

Der Zeitgeist steckt am liebsten
in Flaschen.

Der Zeitgeist ist ein Gespenst aus
der Zukunft.

Alles ist so in Bewegung, dass sich
bei vielen ein Daseins-Schwindel-
gefühl einstellt.

Halloween wird zunehmend ein Tag
für den Zeitgeist.

Zerstreuung

Zerstreuung ist der Versuch, die Sinn-
leere mit Sinnlosem zu füllen.

Zerstreuung ist Gift fürs Glück.

Ziel

Wer kein Ziel hat, dem ist jede Rich-
tung recht, aber jeder Weg zu weit.

Je höher die Ziele, desto größer
die Versuchung, unter ihnen durch-
zuschlüpfen.

Wer nicht zum Aufbruch bereit ist,
sollte sich keine Ziele stecken.

Große Menschen haben Ziele, kleine
haben Wünsche.

Wenn es zum Ziel bereits einen Weg
gibt, lohnt es sich nicht mehr.

Wer keine Ziele hat, lässt den Zufall
mit sich spielen.

Es ist viel schwerer, die richtigen
Ziele zu erkennen als Wege dorthin
zu finden.

Zitate

Geflügelte Worte sind die Engel unter
den Zitaten.

Zitaten-Bücher sind Käfige für
geflügelte Worte.

Zivilisation

Die moderne Zivilisation tanzt nicht
mehr um das Goldene Kalb, sondern
um den Ölgötzen.

Zivilisation ist die Fortsetzung
der Evolution mit anderen Mitteln.

Jede Zivilisation hält sich für einen
Höhepunkt.

Zufall

Nur zufällig passieren keine Zufälle.

Wenn der Tod den Schalk spielt, dann
tritt er in Gestalt des Zufalls auf.

Der Zufall selbst unterliegt dem
Zufall, usw.

Der Zufall gibt sich seinen eigenen
Sinn.

Der Zufall ist unverfügbar, darin
besteht seine Macht.

In der Natur gehorcht alles ein-
deutigen, strengen Gesetzen, nur der
Zufall tanzt aus der Reihe und unter-
wirft sich allein der Mathematik der
Statistik.

Zufriedenheit

Wer Zufriedenheit besitzt, ist reich;
ohne sie ist auch der Reiche arm.

Wer Zufriedenheit sät, wird Bequem-
lichkeit ernten.

Zufriedenheit ist eine Tugend, die
nicht besser wird, wenn nach mehr
gestrebt wird.

Zukunft

Die wesentlichen Entscheidungen für die Zukunft fallen nicht in Kabinetten, sondern in Labors.

Vor der Zukunft gibt es kein Verkriechen.

Die meisten Märchen werden über die Zukunft erzählt.

Die Zukunft ist das große Reservoir all der Chancen, die wir noch verpassen können.

Indem die Zukunft durch das Nadelöhr des Augenblicks rinnt, erstarrt sie zur Vergangenheit.

Die Zukunft ist der Tunnel für das Licht unserer Hoffnung.

Extrapolationen aus der Vergangenheit führen nicht in die Zukunft, sondern in den Irrtum.

Für die Zukunft ist nicht entscheidend was wir uns wünschen, sondern wofür wir uns vorbereitet haben.

Aussagen über die Zukunft machen nur Sinn, wenn sie mehrdeutig sind.

Traue den Tagen der Zukunft nicht, unter ihnen wartet dein letzter.

Es kommen so viele Entscheidungen auf uns zu, dass die Würfel am Rubicon knapp werden könnten.

Zweifel

Steter Zweifel mürbt den Stein.

Der Zweifel ist ein guter Herausforderer, aber ein schlechter Berater.

Immer zweifeln, nie verzweifeln.

In zweifelhaften Fällen entscheide man sich für den Zweifel.

Oft nagt sich erst der Zweifel an den Kern des Problems.

Zweifel sind die Dornen am Baum der Erkenntnis.

Zweifel verbinden die Menschen genauso wie Hoffnungen.

Zweifel muss bohren, nicht nagen.

Wer Zweifel sät, wird Verzweiflung ernten.

Die letzten Zweifel sind die härtesten.

Wo Zweifel ist, wächst das Mutlose auch.

Zweifel ist sowohl der Anfang der Erkenntnis als auch das Ende der Gewissheit.

Zweifel gehören nicht ins Reisegepäck.

In der Wissenschaft ist Zweifel kein Zeichen von Misstrauen, sondern ein Vertrauen bildendes Prinzip.

Handle so, dass deine Zweifel
kleiner werden.

Zynismus

Zynismus steht ziemlich am Ende
unseres Wortschatzes, und dort sollte
er auch bleiben.

Der Zynismus der Pessimisten
besteht in der Hoffnung auf das
Eintreffen ihrer Prognosen.

Blanker Zynismus hat einen kalten
Glanz.

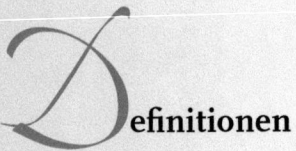efinitionen

Zahnarzt-Devise: Eiter-Herd ist Goldes wert.

Zauberlehrling: Antiquierter Begriff, heute: Magie-Azubi

Zebrastreifen: Ampelpfade

Zeitgeist: Neurosen einer Gesellschaft

Zeitung, die noch fehlt: „BALD" – das Journal für die nahe Zukunft.

Zelle: Gefängnis für die Gene

Zivilisation: Die gefährlichen großen Tiere wurden durch die hohen Tiere ersetzt.

Zölibat: Entschluss zum evolutionären Ausstieg

Zukunft: Reiches Vorratslager an guten Vorsätzen

Zukunftsforscher: Szenarien-Maler

Zuversicht: Hoffnung, die sich selbst Mut macht.

Zweifel ist fruchtbar: Kaum gesät, schon wuchert er.

Zynismus: Ätzende Intelligenz

Nachwort

Der Autor (1939 geboren in Insterburg, Ostpreußen) ist von Beruf Chemiker. Das erklärt den häufigen naturwissenschaftlichen Bezug seiner Aphorismen. Er hat sein Berufsleben in einem Großunternehmen der Chemie (BASF AG) verbracht. Dort war er als Forscher und Manager tätig. Und wo ist der Bezug zu dieser Erfahrungswelt? Nun, nicht in diesem Buch. Diesbezügliche Aphorismen finden sich in zwei bereits erschienenen Büchern und können dort nachgelesen werden. [1)2)]

Als Chemiker wird man ausgebildet, auch komplexes Geschehen in knappen Formeln zu beschreiben und zu definieren. Von dieser Konzentration auf das Wesentliche im naturwissenschaftlichen Denken war es nur ein kleiner Schritt zur Aphoristik, die sozusagen das geisteswissenschaftliche Pendant ist. Hinzu kam, dass Aphorismen von Leuten geschrieben werden, die gleich zur Sache kommen, vornehmlich für Leser, die auch gerne auf Umschweife verzichten. Das Schreiben von Aphorismen hat seine eigenen Regeln. Sie haben sich seit den „Sudelbüchern" von Georg Christoph Lichtenberg nicht verändert. Man beobachtet, was um einen geschieht, lässt sich von anderen Gedanken anregen, und manchmal taucht, woher auch immer, plötzlich eine Idee oder Formulierung auf. Der stets begleitende Notizzettel hält vorläufig fest. Dann muss das „Gesudel" in saubere Form gebracht werden. Dabei hatte ich das Glück, auf Hilfe zurückgreifen zu können, wofür ich mich bei den Damen Christa Kraft, Ursula Hauck, Beate Vonderheid und Anneliese Heigl herzlich bedanken möchte. Frau Heigl hat mit großer Sorgfalt und vielen Anregungen auch die Endfassung erstellt.

Herrn Dr. Eckes danke ich für die Mitwirkung bei der Einrichtung des Computer-Programmes. In dessen Datenspeicher liegen sie nun, die Aphorismen, wie in einem Heuhaufen. Viele Aphorismen-Bücher gewinnen ihren Charme durch dieses Durcheinander, das den Leser zu sprunghaften Assoziationen zwingt. Ein wahrhafter Lesespaß entsteht. Aber es gibt eine bittere Kehrseite: Soll ein Aphorismus wiedergefunden werden, der einem gefallen hat, beginnt das Dilemma. Anstreichen ist hilfreich, oder es muss exzerpiert werden. Wer aber macht sich schon diese Mühe? Deshalb wurde das Prinzip gewählt, das bei Aphorismen-Sammlungen meist genutzt wird: das Ordnen nach Schlagworten. So lässt sich schnell wiederfinden, was gesucht wird. Dieser Service sollte dem Leser geboten werden, wenngleich die Unmittelbarkeit und Sprunghaftigkeit des Denkens dadurch nicht angemessen wiedergegeben wird.

Eine weitere Abweichung von der Norm sind die grafisch aufgearbeiteten Labyrinthe. Meist sind Aphorismen-Bücher bilderlos. In letzter Zeit werden häufiger passende Cartoons eingefügt. Mir schien es angebracht, Labyrinthe zu wählen (s. Vorwort). Für die Unterstützung bei der computergerechten Aufbereitung danke ich Herrn Überall und seinem Team. Das endgültige Layout verdanke ich schließlich der kreativen Erfahrung von Gunther Schulz, Dipl. Designer.

So wie ich von vielen Aphoristikern zum Weiterdenken angeregt wurde, wofür ich mich nur pauschal bedanken kann, so wünsche ich Ihnen Gleiches mit diesem Buch.

Hans-Jürgen Quadbeck-Seeger

1) Quadbeck-Seeger, Hans-Jürgen, „Faszination Innovation", Wiley-VCH Verlag Weinheim, 1998

2) Quadbeck-Seeger, Hans-Jürgen, „Der Wechsel allein ist das Beständige", Wiley-VCH Verlag, Weinheim, 2002

3) Weiterführende Literatur zu Labyrinthen:
- Candolini, Gernot, „Labyrinthe", Pattloch Verlag, Augsburg, 1999
- Küstenmacher, Marion und Werner, „Neue Wege finden, Labyrinthe", Ludwig Verlag, München, 2000
- Fisher, Adrian, Loxton, Howard, „Geheimnis des Labyrinths", AT Verlag, Aarau, 1998. In den Büchern finden sich weitere Informationen.
- Kern, Hermann, „Labyrinthe", Prestel Verlag München, 1982

4) Für die Endlosknoten gibt es zahllose Quellen. In römischen Mosaiken waren sie sehr beliebt. Eine ausgesprochene Vorliebe dafür hatten die Irischen Mönche des frühen Mittelalters. Eine schöne Zusammenstellung gibt Down, Chris, „Vorlagen für keltische Muster", Verlagsgruppe Weltbild, Augsburg, 2003. Als Schmuckelemente tauchen Endlosknoten auch häufig im Jugendstil auf.

Quellennachweis für die Labyrinthe

Vorwort:

 Die Urform des Labyrinths: Das klassische oder kretische Labyrinth

BUCHSTABEN

A

 Klassisches römisches Labyrinth, Reparatus-Basilika, Oléanville, Algerien

B

 Boden-Labyrinth aus glasierten Ziegeln, Kathedrale von Bayeux, Frankreich, 14. Jahrhundert

C

 Entwurf für ein Garten-Labyrinth, Petrus Laurembergius, 1632

D

 Rasen-Labyrinth in Kingsland, Shrewsbury, England

E

 In einen quadratischen Stein geritztes Labyrinth, Dorfkirche von Genainville, Seine-et-Oise, Frankreich, 13. Jahrhundert

F

 Wand-Labyrinth im Dom San Martino, Lucca, Italien

G

 Gotisches Labyrinth in der Kathedrale von Reims, 1778 entfernt

H

 Hecken-Labyrinth, Altgessitzer Irrgarten, Kreis Bitterfeld, 1732

I

 Rasen-Labyrinth in Breamore, Hampshire, England

J

 Hecken-Labyrinth, Hertfordshire, England, im 17. Jahrhundert zerstört

K

Boden-Labyrinth im Kölner Dom, 1977 in den Zugang zur Krypta eingefügt

L

Rasen-Labyrinth, Hilton, Huntingtonshire, England

M

Boden-Mosaik, Cormerod, Kanton Fribourg, Schweiz

N

Pflaster-Labyrinth, Abtei Saint Bertin, Saint Omer, Frankreich, im 18. Jahrhundert zerstört

O

Otfried-Labyrinth, Klosterschule Weißenburg, Frankreich, ca. 870 n.Chr.

P

Römisches Boden-Labyrinth, Cirenster, England, 4. Jahrhundert

Q

Boden-Labyrinth, Kathedrale von Sens, Frankreich, 12. Jahrhundert, 1768 wegen spielender Kinder entfernt

R

Torf-Irrgarten, England, 19. Jahrhundert

S

Zeichnung des Architekten Francesco Segale, Padua, Italien, 16. Jahrhundert

T

Rosetten-Fenster in Form eines Labyrinths, Bernard Myers, USA, 1970

U

Boden-Labyrinth, Gothische Kathedrale von Ely bei Cambridge, England, erst 1870 eingebaut

V

Rasen-Labyrinth, Wing bei Uppingham, England, frühes Mittelalter

W

Römisches Boden-Mosaik, Annaba (antik Hippo Regius), Algerien, ca. 200 n.Chr.

Z

Rasen-Labyrinth, Sneinton, Nottinghamshire, England, um 1400, 1797 untergepflügt

Nachwort:

Entwurf von Georg Andreas Boeckler, Nürnberg, um 1664

Über den Autor

Hans-Jürgen Quadbeck-Seeger, geboren 1939 in Insterburg (Ostpr.). Nach der Flucht in Verden (Aller) aufgewachsen. Studium der Chemie in München und Promotion mit den Nebenfächern Physik und Anthropologie. 1967 Eintritt in die BASF AG in Ludwigshafen. Mehrere unterschiedliche Berufsstationen sowie aktiver Einsatz für Wissenschafts- und Forschungspolitik. Von 1990 bis 1997 Leiter der Forschung des Unternehmens.

Seit der Pensionierung als Autor tätig. Inzwischen wurden zehn Bücher veröffentlicht oder mitherausgegeben, die vornehmlich naturwissenschaftliche Themen oder das Phänomen Innovation behandeln. Während der Berufsjahre blieb nur wenig Zeit für das Interesse an der Literatur. So entwickelte sich die Vorliebe für deren kürzeste Form: die Aphorismen, zumal diese asketisch knappe Formulierung von Gedanken der Formelsprache nicht unähnlich ist. Die vorliegende Auswahl wurde aus einer über Jahre gewachsenen Sammlung zusammengestellt.

Mehr über den Autor unter www.quadbeck-seeger.de